운 좋아지는 사람 vs 나빠지는 사람의 습관

"UN GA YOKUNARU HITO" TO "UN GA WARUKUNARU HITO" NO SHUKAN
© NOBUHARU YOKOYAMA 2016
Originally published in Japan in 2016 by ASUKA PUBLISHING INC. TOKYO,
Korean translation rights arranged with ASUKA PUBLISHING INC. TOKYO,
through TOHAN CORPORATION, TOKYO, and Korea Copyright Center Inc., SEOUL.

이 책은 (주)한국저작권센터(KCC)를 통한 저작권자와의 독점계약으로 (주)북스고에서 출간되었습니다.
저작권법에 의해 한국 내에서 보호를 받는 저작물이므로 무단전재와 복제를 금합니다.

운
좋아지는 사람 vs 나빠지는 사람의 습관

운이 없다고 생각하는 당신을 위한 50가지 운 모으기 습관

요코야마 노부하루 지음
부윤아 옮김

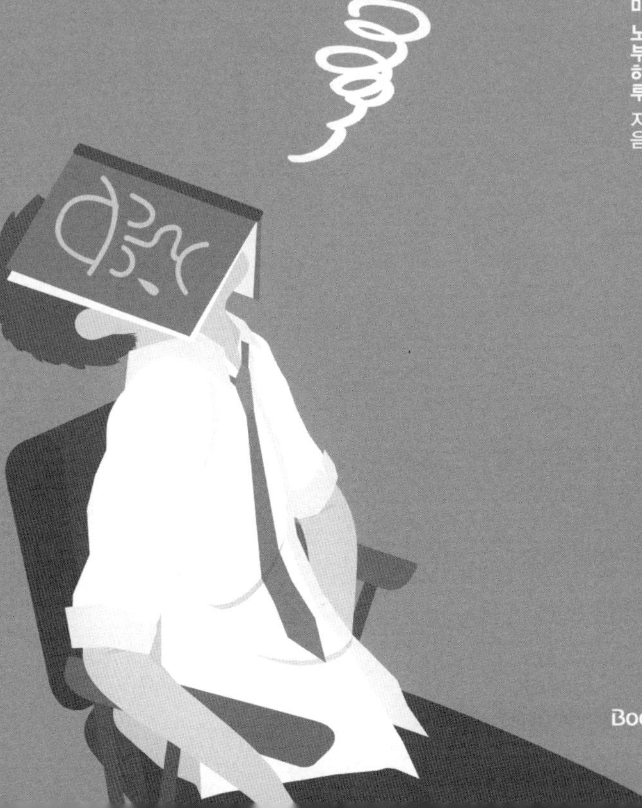

Booksgo

시작하며

행동하는 사람에게
성공운이 찾아온다

 '운'이라는 말을 들으면 많은 사람들은 어떤 생각을 할까?

 운을 누구나 스스로 컨트롤 할 수 있다고 말하면 믿을 수 있을까?

 나는 마흔 살까지 운이 나빠지는 사고방식에 사로잡혀 운이 나빠지는 행동을 하며 살았다. 그 결과 '운에게 버림받은 사람'이 되었다.

 그러던 어느 날 이대로는 안 되겠다 싶어 운에 대해 연구하기 시작했다. 그리고 운이 좋아지는 사고방식을 마음에 새기고 운이 좋아지는 행동을 하도록 항상 주의를

기울였다. 그러자 '운을 끌어들이는 사람'이 되었다.

마흔 살 이전의 나는 출세는 꿈도 꾸지 못하는 형편없는 회사원이었다. 좌천되고 출세에서 멀어지고 우울증에 걸리고 자신의 운명을 한탄하는 인간이었다.

하지만 마음을 다잡고 운이 좋아지는 기술을 익히자 소득이 늘어나고 지위도 올라갔다. 그리고 상장회사의 임원이 되고 관련 회사 사장의 위치까지 도달할 수 있었다.

이 책은 '운'에 대해서 이야기한다. 하지만 영적인 이야기나 비현실적인 이야기를 다루는 것은 아니다. 누가 읽어도 합리적으로 받아들일 수 있는 내용만 담았다. 운이 나빴던 내가 실천하여 실제로 좋은 성과를 얻었던 방법만을 썼다.

우리가 사는 이 세상에서 일어나는 모든 일에는 원

인과 결과가 있다. 언뜻 보기에 '어쩌다 우연히 일어난 일'처럼 보이는 일도 가까운 사람이 봤을 때는 '당연하고 마땅한 결과'이다.

"부자가 되고 싶다."

"이상적인 파트너를 찾고 싶다."

"비즈니스로 성공하고 싶다."

만약 이런 꿈을 이루고 싶다면 '운을 끌어들이는 사람'이 되어보자. 그 방법을 이 책에 담았다.

진심으로 꿈을 이루고 싶다면 이 책을 몇 번이고 다시 읽어보며 자신에게 맞는 방법을 실천해보자.

실천하는 사람에게만 운은 찾아온다. 어떻게든 트집거리를 찾으려 해서는 안 된다.

이 책에 담긴 내용을 실천해서 성공한 사람은 수없이 많다. 하지만 이 책에 대해 트집만 잡으며 언제까지나

꿈을 달성하지 못하는 사람은 더 많다.

'운을 끌어들이는 사람'은 피하지 않고 배우고 행동할 준비가 되어 있다.

'운에게 버림받은 사람'은 반대할 이유를 찾고 트집을 잡는다.

배우고 행동할 준비가 되었다면 이제 책장을 넘겨보자.

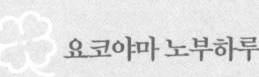

요코야마 노부하루

시작하며 행동하는 사람에게 성공운이 찾아온다 4

제 1 장
운이 좋아지는 사고방식

건전한 욕망을 품는다 vs 욕망에 집착한다 15

늘 웃는다 vs 즐거울 때만 웃는다 20

자신의 책임이라고 생각한다 vs 타인이나 환경을 탓한다 24

심각하게 고민하지 않는다 vs 심각하게 고민한다 28

지나치게 생각하지 않는다 vs 지나치게 깊이 생각한다 32

일이 잘 풀리지 않을 때 움직이지 않는다 vs 어떻게든 해보려고 움직인다 36

기쁨을 찾아낸다 vs 잘못을 지적한다 41

점을 참고만 한다 vs 점을 충실히 따른다 46

스스로 결정한다 vs 다른 사람에게 결정을 미룬다 50

스스로 운이 좋다고 생각한다 vs 스스로 운이 나쁘다고 생각한다 55

제 2 장
운을 사로잡는 행동

모험을 한다 vs 안전을 선택한다 61

경우에 따라 입장을 바꾼다 vs 한번 내린 결정을 바꾸지 않는다 66

경험에서 오는 직관을 믿는다 vs 형편이 좋은 쪽으로 끌려간다 70

기적을 부른다 vs 기적을 기다린다 75

현재를 소중히 여긴다 vs 미래를 꿈꾼다 80

여러 가지 일을 진행한다 vs 한 가지에 집중한다 84

스피드를 중요하게 여긴다 vs 퀄리티를 중요하게 여긴다 89

기회를 붙잡으러 움직인다 vs 기회를 계속 기다리기만 한다 93

나눠준다 vs 요구한다 97

돈을 흐름으로 생각한다 vs 돈을 저장품으로 생각한다 101

제3장
운을 불러들이기 위한 스스로의 힘

자신의 약함을 겁낸다 vs 자신의 강함에 취한다 107

착실하게 노력한다 vs 자신의 능력을 과신한다 112

실패를 연출한다 vs 성공을 자만한다 116

바보가 될 수 있다 vs 바보인 척한다 120

겉과 속이 같다 vs 겉과 속이 다르다 125

있는 것에 감사한다 vs 없는 것에 집착한다 129

자신을 관찰한다 vs 타인을 관찰한다 133

프라이드를 버린다 vs 프라이드를 지킨다 137

빈틈없이 청소한다 vs 정리와 청소를 못한다 141

선인의 지혜를 배운다 vs 자신의 경험에 의지한다 145

제4장
운이 찾아오는 커뮤니케이션

운이 좋은 사람과 지낸다 vs 운이 나쁜 사람끼리 모인다 151

준 것을 잊어버린다 vs 받은 것을 잊어버린다 155

항상 누군가가 보고 있다고 생각한다 vs 다른 사람의 시선을 눈치 채지 못한다 159

상대의 우월감을 끌어낸다 vs 자신이 우월감에 빠져있다 164

적을 줄인다 vs 자기편을 만든다 168

좋아하는 상대와 만난다 vs 싫어하는 상대와 만난다 172

화가 나면 행동을 하지 않는다 vs 화가 난 채 행동한다 177

임기응변에 능하다 vs 상식에 얽매인다 181

기대 이상으로 행동한다 vs 지시받은 것만 한다 186

다른 사람에게 선물한다 vs 자신에게 선물한다 191

제5장
운을 끌어들이는 말버릇

침묵한다 vs 잘 떠든다　197

상대를 주인공으로 만든다 vs 자신이 주인공이 된다　202

재미있을 것 같아 vs 바빠　206

네, 알겠습니다 vs 하지만　211

치켜세워주는 말을 한다 vs 솔직히 말한다　215

자기 암시를 건다 vs 겸손을 드러낸다　219

이익으로 사람을 움직인다 vs 논리로 사람을 움직인다　223

행동으로 전한다 vs 말로 전한다　228

말과 행동이 같다 vs 자신에게만 관대하다　232

표정이 쾌활하다 vs 표정이 침울하다　236

제 1 장

운이 좋아지는 사고방식

행운은 용기 있는 사람의 편이다. — 베르길리우스

건전한 욕망을 품는다
vs
욕망에 집착한다

사람들은 '욕망'이라는 단어를 들으면 어떤 생각을 떠올릴까?

우리는 욕망이 부족한 사람, 욕망이 강한 사람, 욕망 덩어리 같은 표현을 전부 그다지 좋은 의미로 사용하지는 않는다. 욕망을 버리라는 불교의 가르침을 떠올리는 사람도 많을 것이다.

하지만 우리가 사는 세상의 역사를 살펴보면 문화·문명·과학·예술 등 다양한 분야가 욕망을 에너지로 삼아 발전해왔다. 부자가 되고 싶다는 욕망이라도 그것이 일상을 즐겁게 지내고 싶다는 기대감 정도라면 '건전한 욕망'이다. 일본 불교 진언종의 창시자인 고보다이시 구카이도 '욕망이 없는 것은 큰 죄이다'라고 말했다.

반면 돈이 없다며 조바심을 내거나 불만을 품고 하루하루를 보내는 사람은 부자가 되고 싶다는 욕망에 집착하고 있는 것이다. 양쪽이 어떻게 다른지 조금 더 자세히 이야기해보자.

건전한 욕망을 품은 사람은 이루고 싶은 꿈을 바라보며 꿈을 이루는 과정을 즐긴다. 이런 사람은 혹시라도 나중에 꿈을 이루지 못하더라도 충분히 즐거운 인생을 보냈다고 느낀다. 욕망에 집착하는 사람은 결과만 평가하기 때문에 꿈을 이루기까지의 과정을 괴롭게만 느낀다. 그래서 만약 꿈을 이루지 못하면 괴로운 기억만 남는다.

꿈을 이루기까지는 어느 정도 시간이 걸린다. 건전한 욕망을 품고 꿈을 향해 가고 있다면 시간이 걸려도 과정에서 즐거움을 찾아내기 때문에 그 시간을 견딜 수 있다.

반대로 욕망에 집착하면 결과에만 목표를 두기 때문

에 오랜 시간을 견뎌내지 못한다. 다시 말해 불교에서 말하는 '욕망을 버려라'라는 가르침은 지나친 욕망을 경계하라는 의미다.

'건전한 욕망'을 품으면 꿈을 이루는 과정에서 기대감을 느끼지만, 결과에 집착하게 만드는 '지나친 욕망'을 품으면 꿈을 이루지 못할까봐 조바심을 느낀다.

나는 어렸을 적에 사람들에게 웃음을 주는 전문 라쿠고카가 되고 싶다는 간절한 소망이 있었다. 그리고 그 꿈은 실현되었다. 초등학생이었던 내가 전문 라쿠고카의 제자가 되어 일본 가미가타 라쿠고협회에 소속된 것은 기적에 가까운 일이었다.

나는 많은 사람들이 웃고 기뻐해주길 바라는 순수한 마음으로 라쿠고카를 목표로 노력했다. 마음속에 기대를 가득 채워 라쿠고카가 되겠다는 한길만을 바라봤다. 라쿠고카가 되고 싶다는 욕망은 있었지만, 여기에서 말하는 욕망은 많은 사람들을 기쁘게 해주고 싶다는 바람이었다.

꿈을 향해 노력한 결과 당시 가미가타 라쿠고협회 회장이었던 6대 쇼후쿠테이 쇼카쿠의 제자가 되었다. 여담으로 내 뒤에 들어와 같은 스승 아래에서 라쿠고를 배운 후배가 지금도 대활약 중인 쇼후쿠테이 쓰루베씨이다.*

내가 라쿠고카가 된 후 다행인지 불행인지 텔레비전과 라디오 섭외가 밀려왔다. 그 결과 거만해지고 말았다. '좀 더 많은 텔레비전 프로그램에 출연하고 싶어' '내 이름을 타이틀로 건 프로그램을 맡고 싶어' '좀 더 유명해지고 싶어' 이런 욕망은 끝이 없었다.

물욕에 눈이 먼 욕망은 손에 넣는 순간부터 싫증나기 시작했다. 그리고 그런 욕망에는 다른 사람을 기쁘게 해주고 싶다는 마음은 사라지고 자기과시욕만 남았다.

나의 꿈은 많은 사람들이 즐거웠으면 좋겠다는 건전한 욕망으로 시작했다. 그런데 텔레비전에 조금 비치

---

* 라쿠고落語는 오래된 역사를 이어온 일본 전통 예능의 하나다. 라쿠고카落語家는 몸짓과 이야기만으로 혼자 다양한 역할을 연기한다. 전문 라쿠고카가 되려면 일본에 있는 몇 개의 라쿠고협회 중 한 곳에 들어가 제자가 되어야 한다. 협회 안에도 스승에 따라 몇 개의 계파로 나눠진다. 제자로 들어가면 몇 단계의 승급을 거쳐 라쿠고카로 활동할 때 사용할 예명을 받고 그 후 다시 몇 단계를 승급하면 비로소 라쿠고카로 활동할 수 있다. 쇼후쿠테이 쓰루베는 전문 라쿠고카이면서 지금도 영화나 드라마 출연은 물론 텔레비전과 라디오의 다양한 프로그램에서 사회자로 출연하는 등 다방면에서 활약하고 있다.

고 부터는 자신이 더 유명해지고 싶다는 오로지 나만을 위한 욕망이 마음에 차올라 조바심을 냈다. 그렇게 즐거웠던 사람들 앞에서 이야기하는 일 조차도 불안을 느꼈다. 그러자 운은 소리 소문 없이 사라지고 말았다. 일은 점점 줄어들었다.

우리는 자신의 가능성에 한계를 정해버리지만, 사람은 스스로 생각하는 것보다 훨씬 큰 능력과 재능을 가지고 있다. 누구나 믿을 수 없을 만큼 강한 에너지를 품고 있다.

'욕망'은 품고 있던 에너지를 폭발시킨다. 불타오르는 소망을 안고 도전하면 많은 것들이 이뤄진다. 건전한 욕망은 크게 품어야 한다. 집착을 버리고 건전한 욕망을 지킨다면 꿈을 이룰 수 있다.

> **운습관 check** 운이 좋은 사람은 속된 마음을 품지 않는다.

늘 웃는다
vs
즐거울 때만 웃는다

이번에는 웃음이 우리에게 미치는 영향에 대해 이야기해보자.

인간의 뇌는 사고에 따라 감정이 생긴다고 여겨져 왔지만 사실은 반대로도 작용한다고 한다. 슬프기 때문에 우는 것만이 아니라 울기 때문에 슬퍼지기도 한다. 이것은 최근 과학 실험에서도 입증되었다.

내가 우울증으로 병원에 다닐 때 의사에게 "요코야마 씨, 조금 더 등을 쭉 펴고 걷는 것이 좋아요"라는 주의를 받았다.

당시의 나는 등을 둥글게 움츠리고 누가 봐도 환자 같은 표정을 하고 걷는 속도도 무척 느렸던 모양이다. 그리고 때때로 한숨을 내쉬고는 했다. 이런 상태로 지낸다면 건강한 사람이라도 병에 걸릴지 모른다. 등을 쭉 펴고 빠른 걸음으로 걸으면 심각하지 않은 우울한 감정 정도는 날려버릴 수 있다.

인간의 뇌는 두 가지 감정을 동시에 느낄 수 없다. 이 책을 덮고 슬픈 기분으로 팔짝거리며 뛰어보자. 팔짝팔짝 뛰는 행동은 밝은 감정표현이다. 팔짝팔짝 뛰면서 어두운 감정을 느끼기는 힘들다.

웃으면 지금 상황이 즐겁다고 뇌가 인식하여 고민도 어느 정도 줄어든다. 그러므로 스스로 먼저 웃어보자. 웃음은 운의 기운을 높인다.

웃음이 우리에게 미치는 영향을 한 가지 더 이야기해 보자.

웃으면 긴장이 풀려 편안한 상태가 된다. 편안함과 행운. 언뜻 보기에는 관계가 없는 것 같지만 사실은 **운이 좋은 사람은 편안한 상태로 지내는 시간이 길다.**

긴장 상태로는 옳은 판단을 할 수 없다. 긴장 상태에

서는 한정된 데이터만으로 판단을 내리게 되고, 극도의 긴장 상태에서는 판단조차 내리지 못한다. 반면 편안한 상태일 때는 눈앞의 데이터 외에도 과거의 수많은 데이터까지 활용하여 판단할 수 있다. 때에 따라서는 과거의 데이터베이스에 없는 아이디어까지 떠올린다. 획기적인 발명과 발견은 예외 없이 편안한 상태일 때 탄생했다. 긴장은 의식하지 않아도 자연스럽게 찾아온다. 하지만 안정은 의도적으로 행동하지 않으면 얻을 수 없다.

아주 먼 옛날, 인간이 사냥을 하며 생활하던 시대가 있었다. 배가 고프면 사냥을 나갔다. 배가 고프면 긴장을 하게 되는데 긴장감이 높아진 상태로 사냥에 나가면 사냥감을 잡을 수 있었다. 그리고 사냥해온 것을 먹으면 배가 불러 편안해졌다. 편안한 상태로 사냥에 나가면 사냥감을 잡기는커녕 반대로 공격을 받을 수도 있었다. 배가 고픈 현상 즉 긴장은 자연스럽게 생긴다. 그리고 사냥감을 획득하여 얻을 수 있는 안정은 행동하지 않으면 이룰 수 없다.

안정을 얻기 위해 자발적으로 웃어야 한다. 나는 매일

아침 거울 앞에서 큰 소리를 내어 웃는 일을 일과로 정해두고 있다. 이 습관을 시작했을 무렵 회사에서 큰 트러블이 일어나거나 하면 내심 '지금 웃고 있을 때냐?'라고 한심하게 느껴지기도 했다. 하지만 웃고 나면 신기하게도 지금 고민하는 것이 아주 작게 느껴지며 마음이 밝아졌다. 의도적으로 웃으면 면역력이 좋아지는 효과도 있다.

매일 아침 거울 앞에서 웃는 일은 일상에서 자연스럽게 미소를 짓는 연습도 된다. 꼭 한 번 시도해보시길 바란다.

> **운습관 check** — 운이 좋은 사람은 편안해지는 방법을 잘 안다.

자신의 책임이라고 생각한다
vs
타인이나 환경을 탓한다

나는 학창 시절에 영어를 잘하지 못했다. 영어 때문에 고등학교 입시에서도, 대학 입시에서도 상당히 고생했다. 영어를 싫어하게 된 계기는 중학교 1학년 때 시험 결과 때문이다.

첫 번째 영어 시험이었던 중간고사에서 나는 100점을 맞았다. 영어가 재미있어서 영어 공부를 많이 했다. 그런데 다음 기말고사에서는 35점이라는 믿을 수 없는 점수가 나왔다. 모든 답에 마침표와 물음표 붙이는 것을 깜박 잊었기 때문이었다.

이 때 반성하고 다음 시험에서 점수를 회복했다면 영어가 싫어지지 않았을 것이다. 하지만 나는 채점한 선생님을 원망했다. 마침표와 물음표를 쓰지 않은 정도로 틀렸다고 채점한 선생님을 용서할 수 없었다.

'적어도 부분 점수는 인정해 줬어야지.' 이렇게 내 마음대로 해석을 했다. 그 후로는 영어 공부를 전혀 하지 않았다. 그리고 영어가 싫어졌다.

얼마 전에 커리어 컨설턴트이자 스피리추얼 작가인 우치노 구미코씨의 책을 읽다가 그녀도 나와 같은 경험을 한 적이 있다는 사실을 알게 되었다. 우치노씨는 그 때 부끄러웠던 경험을 계기로 영어를 더욱 열심히 공부했다고 한다. 그 결과 나중에 해외 유학을 다녀와 영어를 무기로 자신의 일을 펼치며 활약하고 있다.

우치노 구미코씨와 나는 똑같이 선생님을 원망할 만한 일을 경험했다. 하지만 그녀는 내가 겪은 일과 같은 상황을 발전적인 방향으로 바꿨다.

야단을 맞고 '뭐 이런 게 다 있어, 내가 질쏘냐!'라며 노력하는 사람이 있는가 하면 심통을 내며 상대를 원망하는 사람도 있다. 어느 쪽을 선택할지는 자신에게 달렸다.

하지만 과연 어느 쪽을 선택하는 것이 이득일까? 당연히 긍정적인 사고를 선택하는 쪽이 이득이다. 쓸데없는 자존심과 고집 따위는 던져버리자. 상대를 원망해도 결국 그 빚은 자신에게 되돌아온다.

일란성 쌍둥이 형제가 있었다. 유전자도 성장 환경도 똑같았다. 하지만 성장한 후 한 명은 노숙자가 되고, 다른 한 명은 성공한 부자가 되었다. 노숙자가 된 사람에게 왜 그런 생활을 하고 있는지 물어보니, "아버지가 술을 너무 많이 마시는 사람이어서 나도 술 때문에 인생이 망했다"고 대답했다.

이번에는 성공해 부자가 된 다른 한 명에게도 같은 질문을 했다. 그는 "아버지가 술을 너무 많이 마셔서 나는 아버지 같은 사람이 되고 싶지 않아서 노력했다"며 전혀 다른 대답을 했다.

운이 좋은 사람은 늘 좋은 일만 일어나는 사람이 아니다. 일어난 일을 긍정적이고 좋은 방향으로 바꿀 수 있는 사람을 '운이 좋은 사람'이라고 말한다.

그렇다면 좋은 방향으로 바꾼다는 것이 구체적으로 무엇인지 생각해보자.

이미 일어난 일에 대해 좋은 일인지, 나쁜 일인지 판단해서는 안 된다. 자신에게 닥친 모든 일을 자신에게 필요하기 때문에 일어난 일이라고 생각해야 한다. **어떤 일이 일어나도 '자신의 책임', '필요하기 때문에 일어난 일'이라고 생각하는 습관을 들이면 운이 상승한다.**

반대로 '누구누구 때문에 이런 상황이 되었어' '내가 잘못한 것은 하나도 없는데 왜 내게 이런 일이 일어났을까'라고 생각하면 운은 하강한다.

긴 인생을 살다보면 좋은 일만 일어나지는 않는다. 문제가 일어났을 때 타인이나 환경을 원망해 봐야 아무것도 해결되지 않는다. 다른 무엇인가의 탓으로 돌리면 일시적으로는 편할지 모르지만 자신의 성장은 멈춰버린다.

어떤 일이 일어나도 '내 인생에 필요한 일이기 때문에 일어났다'고 받아들이는 습관을 들이자. 이 습관은 훗날 반드시 당신에게 행복을 가져다줄 것이다.

좋은운이 좋은 사람은 나쁜 일이 일어나도 '내 인생에 필요한 일이기 때문에 일어났다'고 생각한다.

심각하게 고민하지 않는다
VS
심각하게 고민한다

지금 심각한 고민에 빠져 있는가?

고민이 전혀 없는 사람은 없다. 누구나 크고 작은 고민이나 걱정을 안고 살아간다. **심각한 고민을 안고 있으면 운이 떨어진다. 이유는 시야가 좁아지기 때문이다.**

고민하고 있는 상태는 뇌가 지금의 고민을 해결하기 위해 그 문제에만 집중하기 때문에 시야가 좁아진다. 그리고 같은 내용을 몇 번이나 반복하고 떠올리며 고민의 소용돌이 속으로 점점 빠져든다.

조금 더 구체적으로 이야기하면 심각한 고민은 극도

의 긴장 상태를 유발한다. 운은 긴장 상태에서 도망가고, 안정된 상태에서 다가온다고 앞에서 이야기했다.

'고민'의 원인은 '불안'이다. 여러 가지 고민은 불안에서 비롯된다.

고민과 걱정에 눌려 부서져 버릴 것 같다면 고민되는 일을 하나씩 종이에 써서 정리해보자. 그러면 분명하게 문제가 보이기 시작할 것이다. 자신이 안고 있는 고민의 양을 냉정하게 측정해보자. 머릿속에서만 생각하면 실제보다 두세 배로 고민의 양을 무겁게 느끼는 일이 꽤 있다.

고민을 종이에 써서 쭉 나열해보았다면 다음으로 할 일은 고민을 '받아들이는 일'이다. 모든 일은 자신에게 필요하기 때문에 일어났다고 생각하자.

이렇게 받아들이고 자신이 쓴 고민을 제3자의 눈으로 살펴보자. 고민을 개선하려고 하거나 문제의 해결책을 찾으려고 애쓰지 않고 그저 바라보기만 해도 상관없다.

그리고 마음이 조금 냉정을 찾았다면 '왜 이런 일이 일어났는가?'가 아니라 '어떻게 이 문제에 대처할까?'를 생각한다. 이때 고민 목록을 자신의 힘으로 해결할 수 있는 일과 아무리 노력해도 스스로 할 수 없는 일로 나눈다.

 고민하고 있을 때는 여러 가지 일이 뒤얽혀 머릿속에서 혼란을 일으킨다. 따라서 모든 고민을 하나로 여기기 쉽다. 이럴 때에 종이에 써서 정리해보면 마음도 안정되고 냉정하게 판단할 수 있다. 그래도 해결책을 찾을 수 없다면 다음의 우화를 읽고 생각을 바꿔보자.

 심각한 고민으로 죽을 것 같이 괴로워하던 어느 나라의 왕이 신선을 찾아가 고민을 상담했다. 신선이 해결 방법을 알려주자 왕은 갈수록 건강해지고 평생 평안하게 살았다. 세월이 지나 왕이 임종할 때 아들에게 그 비밀 방법을 적은 두루마리를 건넸다. 그리고 왕이 말했다.

 "네가 괴롭고 어떻게 해야 할지 모를 시기가 올 때까지 결코 이 두루마리를 펼쳐봐서는 안 된다. 알겠느냐?"

 아들은 왕의 유언을 지키며 두루마리를 열어볼 일 없이 나라를 다스릴 수 있었다. 하지만 어느 날 어떻게 해야 할지 모를 만큼 괴로운 일이 일어나 두루마리를 펼쳐보기로 했다. 그 두루마리에 적혀 있는 글은 단 한 구절이었다.

'이것도 한순간'

좋은 일로 기뻐해도 그 일은 '한순간'이다. 괴로운 일로 슬퍼해도 그 일은 '한순간'이다.

운을 올리기 위해서는 일어난 일에 일희일비하지 말고 인생에 가장 소중한 '지금 이 순간'을 소중히 여기라는 가르침이다. 운을 높이기 위해서는 알 수 없는 미래의 일로 불안을 키우지 말고 '현재'에 최선을 다해 살아가자.

미국의 통계에 따르면 불안을 느꼈던 일 중 95퍼센트 이상이 실제로는 일어나지 않는다고 한다. 아무리 괴로운 일도 '한순간'이라고 과감하게 생각하고 지금에 집중하면 운이 올라간다.

> 운습관 check | 운이 좋은 사람은 일어난 일에 일희일비하지 않는다.

지나치게 생각하지 않는다
vs
지나치게 깊이 생각한다

우리는 학교에서 잘 생각해서 행동하라고 배웠다. 회사에서도 생각하고 행동하는 것을 좋게 여긴다.

하지만 지나치게 생각하면 '운'은 도망간다. 인간의 사고는 한 가지를 찬찬히 생각하면 할수록 생각이 부정적인 방향으로 흘러가기 때문이다.

옛날 옛적 인간은 혹독한 환경에서 살아남기 위해서는 신중한 사고방식이 필요했다. 하지만 현대 사회에서는 앞에서의 요인으로 생명을 위협하는 상황을 만날 확률은 희박하다. 정보가 널리 퍼져 있고 옛날과는 생활환경이 많이 달라졌다.

지나치게 생각하면 부정적인 사고에 빠져 기회를 놓친다. 하지만 여전히 많은 사람들에게 지나치게 생각하거나 걱정을 사서 하는 경향이 남아 있다.

이를테면 문자 메시지를 보낸 후 답장이 오지 않으면 신경이 쓰인다. 특히 문자를 보낸 상대가 자신에게 중요한 사람일수록 신경이 온통 곤두선다. 상대가 잠깐 놓쳤을 뿐일지도 모르는데도 '내가 미워진 것은 아닐까?' 혹은 '얼마 전에 한 말과 행동에 화가 난 걸까?'라고 노심초사한다.

지나치게 생각한 나머지 불안해져서 뇌가 불쾌한 상태가 된다. 다른 일은 하나도 눈에 들어오지 않고 긍정적인 일을 놓친다. 이런 상황을 피하기 위해서는 끙끙거리며 지나치게 생각하지 않도록 의식적으로 주의하는 수밖에 달리 방법이 없다.

앞에서도 이야기했듯이 어떤 일에 대해 판단을 내리기가 망설여질 때는 머리로만 생각하지 말고 종이에 써보자. 종이에 써내려 가다보면 냉정한 또 하나의 자신이 등장해 최선책을 모색해준다.

나는 지금도 지나치게 생각하는 경향이 있지만, 젊었을 때는 더욱 심각했다. 모든 일을 나쁜 쪽으로만 생각하다 십이지장 궤양으로 세 번이나 입원했을 정도다.

 상식적으로 생각할 수 없을 정도까지 나 자신을 몰아붙였다. 아주 작은 실수로 회사에서 잘리지 않을까 하는 걱정에 빠진 적도 있었다. 지금 생각하면 웃음이 나오지만 그 때는 진지했다.

 반면 세계적인 금융위기를 몰고 온 리먼 쇼크 영향을 받아 회사가 부도 위기에 몰렸을 때는 지나치게 생각하지 않고 '될 대로 되겠지'라고 고민을 보류한 덕분에 운은 내 편이 되어 주었다.

 물론 문제해결을 향한 노력은 필요하지만 지나칠 정도로 심각하게 생각하는 것은 운에서 좋은 해결책은 아니다. 너무 깊이 생각하다 보면 매사 부정적인 면에 초점이 맞춰져 불안이 생긴다. 이런 불안이 운을 떨어트리는 근원이다.

 우리가 긴장과 불안이 최고조에 달해 있는 상황을 상상해보자. 냉정하게 주위를 관찰하거나 판단할 수 없는 상태에 빠지지 않는가?

나아가 리더가 불안한 모습을 보이면 아래에 있는 직원들은 더욱 불안해진다.

지나치게 생각하는 경향이 있는 사람은 걱정되는 일과 관련해 일어날만한 최악의 사태를 한 번 상정해보자.

우리의 일상에서 일어날 최악의 사태는 몇 되지 않는다. 대부분 목숨을 잃을 정도까지는 아닐 것이다. 최악의 사태를 상상하면 그 이상 나쁜 일은 일어나지 않으니까 반대로 안심된다.

운이 좋은 사람과 이야기를 나눠보면 모두 예전에는 사소한 일에도 전전긍긍하며 생각에 깊이 빠져들던 시기가 있었다고 한다. 하지만 **경험과 학습으로 지나치게 생각하는 성격에서 벗어난 것이다.**

어떤 일을 한 걸음 물러나 멀리서 바라보며 냉정하게 판단하면 운은 높아진다.

운습관 check	운이 좋은 사람은 지나치게 생각하지 않는다.

일이 잘 풀리지 않을 때 움직이지 않는다
VS
어떻게든 해보려고 움직인다

운에는 주기가 있다. 아무리 성공한 사람이라고 해도 좋을 때만 있었던 것은 아니다.

나도 옛날에는 운의 주기설을 별로 믿지 않았다. 하지만 실제로 과거에 일어난 큰일을 연도별로 써서 정리해봤더니 정확히 12년 주기로 운기가 상승과 하강을 반복한다는 사실을 알 수 있었다.

특히 나쁜 일의 주기가 분명하게 보였다. 내 인생에서는 12년마다 가장 나쁜 일이 일어났다. 사람에 따라서는 10년 주기인 경우도 있다고 한다.

자신의 인생의 연표를 써보자. 각자 나름대로의 주기가 있을 것이다. 자신의 운 주기를 알고 일희일비하라는 이야기가 아니다.

운의 상승 기조와 하강 기조를 알고 있으면 그 순간 순간의 행동을 선택하기가 쉬워진다. 나는 매일 아침 6시 무렵부터 집 근처를 1시간 가량 걷는다.

토요일과 일요일은 집에서 10킬로미터 정도 떨어진 사야마호까지 걷는다. 걸어서 왕복하기는 다소 벅차기 때문에 돌아오는 길은 세이부큐죠마에역에서 전철을 타고 집으로 돌아온다.

이 전철을 기다리는 시간이 나의 운을 테스트 해보는 시간이다. 로컬 노선이기 때문에 전철의 배차 수가 한 시간에 세 번 밖에 없다. 20분 간격이다. 역에서 기다리는 시간이 10분이라면 '무승부'이고 10분 이내에 전철이 오면 '승', 10분 이상 전철을 기다리면 '패'로 자신의 운을 측정하는 기준으로 삼는다.

믿어질지 모르겠지만 이게 의외로 잘 맞는다. 운이 좋을 때는 개찰구를 들어가면 때마침 전철이 들어온다. 기다리는 시간은 고작 1~2분에 지나지 않는다. 반대로 운이 좋지 않을 때는 늘 전철이 막 출발해서 가버린 순간이다.

이 테스트 방법을 10년 이상 하고 있는데 2개월 이상 연속해서 전철이 바로 오는 일이 있다. 가장 좋을 때는 6개월 이상 '승'이 이어졌다. 확률적으로 '승'이 6개월이나 이어지는 것은 기적에 가까울 지도 모른다. 하지만 정말로 이어졌다.

'승'이 이어질 때는 적극적으로 행동했다. 그 시기에는 내게 주어진 일이나 내가 하고 싶은 일 모두 잘 풀렸다. 신기하게도 비즈니스도, 개인적인 일도 대성공이었다. 반대로 '산 넘어 산'이라는 속담도 있듯이 운이 좋지 않은 시기에는 안 좋은 일이 계속 쌓인다.

비즈니스 현장에서는 '운'이라는 말은 별로 사용하지 않는다. 잘 풀리지 않은 일의 원인을 찾는다. '운'이 나빴기 때문이라는 변명은 금지다. 하지만 비즈니스에서도 흐름이라는 것이 있다.

내 경험에서도 흐름이 나쁠 때는 한동안 움직이지 않고 가만히 기다리는 편이 좋았다. 시간이 지나면 처음에 상정하지 못했던 원인이 눈에 보이기 시작한다. 많은 사람은 자신의 잘못을 인정하고 싶지 않기 때문에 실패의 오점을 단기간에 회복하려고 한다. 눈에 보이지 않는 일을 무시하면 더욱 실패를 거듭하는 결과를 낳는다.

운을 끌어들이기 위해서는 '시간을 길게 보고 행동하는 것'이 중요하다. 나는 예전에 영업본부장이라는 위치에서 관할지점의 영업 실적을 하루라도 빨리 올리려고 필사적으로 매달리던 적이 있었다.

그래서 실적이 저조한 점포의 점장을 바꾸거나 레이아웃을 바꾸는 등 여러 가지를 시험해봤지만 지나치게 움직이는 바람에 실패했다.

영업 실적이 저조한 것은 점장의 실력만으로 정해지지 않는다. 점포의 입지나 계절에 따라서도 매출은 달라진다. 조금 더 시간을 길게 보고 계획을 세웠다면 인사이동이나 레이아웃 변경을 하면서 시간과 비용을 낭비하지 않았을 것이다.

어떤 일이 잘 풀리지 않을 때, 즉 운이 하강국면일 때는 섣불리 움직이지 말고 시간을 길게 보고 상황을 조용히 살펴보는 것이 중요하다. 그리고 일이 조금씩 잘 풀리기 시작했다면 운이 상승국면이 되었으므로 주저하지 않고 단숨에 승부를 거는 배짱이 필요하다.

> **운습관 check** 운이 좋은 사람은 나쁜 시기에 조급해하지 않는다.

기쁨을 찾아낸다
vs
잘못을 지적한다

　미국 작가 엘리너 포터Eleanor H. Porter가 쓴 《폴리애나》라는 소설이 있다. 약 100년 전에 미국에서 인기를 얻었던 작품이다. 이 책의 주인공 폴리애나는 어떤 상황에서도 '기쁨'을 찾아낸다.

　시작은 위문품 상자에서 나온 목발이었다. 폴리애나는 오래 전부터 인형을 갖고 싶어 했는데 무언가 착오가 생겨 목발이 도착했다. 낙담하고 있는 폴리애나에게 목사인 아버지가 이 목발에서 기쁨을 찾아내는 게임을 해보자고 제안한다.

폴리애나는 '지금 나는 목발을 사용하지 않고 걸을 수 있어서 기쁘다'라는 생각을 할 수 있게 된다. 그 후 부모님이 세상을 떠나 폴리애나는 심술궂은 이모 집에서 살게 된다. 보통은 침울해할 만한 상황인데도 11살인 폴리애나는 열심히 기쁨을 찾는다.

이모는 상당한 부자였다. 집에는 사용하지 않는 호화로운 방이 많이 있었다. 하지만 이모는 폴리애나에게 다락방을 사용하도록 했다. 다락방에는 거울도 없고 예쁜 그림도 걸려있지 않았다. 이모 집에서 일하는 가정부는 폴리애나를 보며 불쌍하다고 말했다. 폴리애나는 쓸쓸하게 아무것도 걸려 있지 않은 벽을 바라봤다.

하지만 잠시 후 폴리애나는 이렇게 말했다.

"거울이 없어서 다행이야. 거울이 없으니 주근깨를 보지 않아도 되잖아."

만약 폴리애나가 "이모는 엄청난 부자에 방이 이렇게나 많은데 왜 내게 다락방을 준 거지?"라고 푸념을 내뱉거나 원망이 섞인 불평을 했다면 어떻게 되었을까? 이모는 더욱더 폴리애나를 심하게 대했을 것이 분명하다.

《폴리애나》 이야기에는 감동뿐만이 아니라 커다란

교훈이 담겨 있다. 폴리애나의 기쁨을 찾는 행동은 행운을 높이는 진리를 가르쳐준다. 《폴리애나》를 읽은 전 세계의 많은 사람들이 행복해질 수 있었다.

 어떤 일에 대한 해석은 다양하게 할 수 있다. 좋은 면이 있으면 나쁜 면도 있다. 어느 쪽을 선택할지는 자유다.

 모든 일을 좋은 쪽으로 해석하면 운이 올라간다. 우리의 마음속에는 오랜 세월 동안 경험으로 익힌 상식이 있다. 상식을 뒤집기는 쉬운 일이 아니다. 처음에는 게임이라고 생각하며 시작해도 좋다. 억지로라도 좋은 부분을 찾는 게임을 해본다. 머지않아 게임과 현실의 구분이 사라지면서 기쁨을 찾는 행동이 습관이 될 무렵에는 여러분에게 행운이 찾아올 것이다.

 폴리애나는 기쁜 일이 있을 때도 그것을 당연하다고 생각하지 않고 언제나 새로운 기분으로 기쁨에 감사했다. 그리고 괴로울 때는 그 괴로움 속에서 기쁨을 찾아 '다행이야'라고 기뻐했다.

 운이 좋은 사람은 상대의 좋은 부분을 찾는다. 그리고 그 좋은 점을 자연스럽게 상대방에게 전한다. 운이 나

쁜 사람은 상대의 잘못을 찾아 지적한다. 상대를 위한다는 마음에서 선의로 잘못을 고쳐주려고 한다. 그러면 주변 사람들은 멀어져버리고 운은 점차 떨어진다.

만약 어떻게라도 상대의 잘못을 지적하고 싶다면 반드시 본인에게 직접 말해줘야 한다. 다른 사람을 통해 이야기를 전하려고 하면 대부분 이야기는 나쁜 방향으로 진행된다. 보이지 않는 곳에서 험담을 했다고 소문이 날 수도 있고, 실제 하고자 했던 것보다 이야기가 커지기도 한다.

지적하는 내용을 문자나 메일로 보내는 것도 최대한 신중하게 하는 편이 좋다. 문장으로 된 지적은 상대의 얼굴이 보이지 않는 만큼 표현이 딱딱해지고 오해를 살 위험이 있기 때문이다.

또한 지나치게 감정적이 되어 있을 때 지적해서는 안 된다. 인간은 감정적이 되면 상대에게 가장 상처 주는 말을 고르기 쉽다. 상대에게 상처 주는 말을 내뱉으면 그 순간부터 상대는 죽을 때까지 당신의 말을 반복해서 떠올릴 것이다. 나중에 우호적인 관계를 이어간다고 해도 한 번 뱉은 상처를 준 말은 상대의 기억 속에 깊이 남는다.

지적 그 자체가 나쁜 것은 아니다. 어디까지나 그때그때 다르기 때문에 상황에 따라 지적하는 것은 상관없다. 하지만 일상을 살아가면서 크게 문제가 되지 않을 만한 것을 지적하여 운을 떨어트리는 행동만은 피하도록 하자.

> **운습관 check** 운이 좋은 사람은 어떤 일에서도 좋은 부분을 찾아낸다.

점을 참고만 한다
vs
점을 충실히 따른다

 여러분은 점을 믿는 편인가? '운'과 '점'은 밀접한 관계가 있을지도 모른다.

 SBI 홀딩스 기타오 요시타카 사장도 역학을 상당히 깊이 있게 공부했다고 한다. 매년 연초에 열리는 시무식에서도 그룹 사원 2천명 앞에서 그 해의 십간십이지*를 사용하여 한해의 운세를 직접 보고 발표했다. 그 운세가 내게는 무척 잘 맞아서 놀랐던 기억이 있다.

* 중국의 역법에서 가장 잘 쓰이는 주기

운이 좋은 사람은 점을 자주 본다. 신년 운세 같은 것을 믿기도 한다. 대기업 경영자나 거물급 정치가도 점을 보고 그 내용을 참고하는 사람이 많다. 여기서 핵심은 '참고'한다는 것이다.

우리는 매일 결과를 알 수 없는 일에 결단을 내려야만 한다. 망설임은 운을 떨어트린다. 점을 봐서 망설임을 줄일 수 있다면 그것은 운을 높이는 방법이 된다.

예전에 나는 이미지 컨설팅 전문가에게 조언을 받은 적이 있다. 내게 행운을 주는 색은 보라색이고 반대로 갈색은 좋지 않다고 했다. 당시에는 반쯤 흘려들었다. 그런데 얼마 후에 새로 산 갈색 정장을 입고 회사에 갔을 때 평소에 거의 일어나지 않는 트러블이 연속해서 두 건이나 발생했다. 설마 갈색 정장 탓은 아닐 것이라고 생각했지만, 그 후로는 왠지 그 옷을 입기가 꺼려졌다.

운이 좋은 사람도 점을 전면적으로 믿는 것은 아니다. 매일 아침 별자리 운세를 보여주는 텔레비전 프로그램이 있다. 별자리는 12개다. 띠별 운세도 12개로 나온다. 학교의 같은 반에 있는 학생은 대부분이 동갑이다. 같은 해에 태어나 같은 띠인 반 친구 전부의 운세가 매일 똑같지는 않을 것이다.

내 지인 중에 점을 좋아하는 A씨는 타로 카드 점을 보고 나쁜 카드가 나오면 그 날은 가능한 외출을 하지 않는다. 타로 점이 좋게 나온 날에도 목적지의 방향이 나쁘다고 하면 외출을 삼간다고 한다.

그는 타로 카드 점 덕분에 큰 부상도 입지 않았고 남에게 속는 일도 없다고 주장했다. 하지만 나는 아무리 생각해도 그 사람이 운이 좋은 사람이라고는 생각되지 않았다. 친구와의 약속도 타로 카드 점의 결과로 당일에 취소하다보니 친구들은 점점 약속 자리에 그를 부르지 않게 되었다. 물론 본인이 행복하다면 그걸로 충분하겠지만, 점이나 운세를 보고 지나치게 행동을 제한하는 것은 그만두는 편이 좋다.

또 다른 지인은 점을 적당히 믿는 사람이었다. 그는 종종 운이 좋아진다는 물건을 몸에 지니고 다녔다. 개구리 소품이 행운을 불러온다는 이야기를 누군가로부터 들으면 대량으로 개구리 소품을 구입하여 모두에게 선물하기도 했다.

"이 개구리가 행운을 가져다 줄 거야"라고 활짝 웃으

며 선물을 나눠주는 모습을 보니 정말로 운이 좋아질 것 같은 기분이 들었다. 나도 하나 받아 가방 안쪽 지퍼에 매달아 놓았다.

'좋은 일이 일어난다'고 믿으면 행운을 만난다. 운세나 점이 도움이 된다면 다양하게 활용할 일이다. 다만 운세를 과하게 믿어 행동을 지나치게 제한해서는 안 된다. **점을 봐서 행운을 손에 넣는 사람과 행운을 놓치는 사람의 차이는 점에 '의존'하는가 '참고'만 하는가에 있다.**

'의존'이란 바꿔 말하면 책임을 방관하는 일이다. 점에 의존하면 자신이 한 일에 책임을 지지 않는 사람이 된다. 책임을 지는 사람은 운이 좋아지고, 책임에서 도망치는 사람은 운이 나빠진다. 그리고 의존 체질이 되면 신기하게 점도 맞지 않게 된다. 점을 참고하는 것은 유익하지만 의존하면 빠져나올 수 없게 되므로 주의하자.

> **운습관 check** 운이 좋은 사람은 좋은 결과가 나온 점만을 믿는다.

스스로 결정한다
VS
다른 사람에게 결정을 미룬다

자신이 의지가 강한 편인지 한 번 생각해보자. 한 번 정한 일을 마지막까지 해내는 편인가?

운이 좋은 사람의 공통점은 '의지'가 강하다는 점이다. 의지력이 강인하여 어떤 유혹에도 흔들리지 않고 자신의 꿈을 서서히 이뤄간다.

반면 의지가 약한 사람은 운이 떨어진다. 왜냐하면 우유부단하면 악의나 나쁜 유혹에 쉽게 흔들리기 때문이다. 그러면 재난을 끌어들이게 된다.

나를 포함해 많은 사람들이 자신은 의지가 약하다고

한탄한다. 강한 운을 얻기 위해 올바르게 행동하고 나쁜 유혹을 단호하게 거부하는 '의지력'을 높이는 방법을 알아보자.

미국 심리학자 마크 무레이븐Mark Muraven은 다음과 같은 실험을 했다. 학생을 강의실에 모아 눈앞에 갓 구운 따뜻한 쿠키를 놓고 그것을 무시하도록 지시했다.

절반의 학생에게는 "이 쿠키를 먹지 마세요"라고 정중하게 말하고 "이 실험의 목적은 유혹에 저항하는 힘을 측정하는 것입니다"라고 설명했다. 그리고 "시간을 내주셔서 감사합니다. 이 실험 방법을 향상시키기 위한 제안이나 의견이 있으면 꼭 말씀하세요. 이 실험을 가능한 의미 있는 것으로 만들기 위해 여러분의 도움이 필요합니다"라고 피험자들에게 말했다.

나머지 절반의 학생들에게는 실험 목적을 설명하지 않고 "이 쿠키를 먹지 마세요"라는 지시만 했다. 감사하는 말도 하지 않았고 그들의 반응에 흥미도 보이지 않았다. 어린이가 아니므로 물론 양쪽 그룹 모두 5분 동안 유혹을 떨치지 못하고 쿠키를 먹은 사람은 한 명도 없었다. 다만 실험은 이것이 끝이 아니었다.

그 후 피험자에게 컴퓨터의 모니터를 보고 의지력을 측정했다. 숫자의 '6' 다음에 '4'가 나오면 스페이스 키를 누르도록 지시했다. 숫자 하나가 표시 되는 시간은 0.5초이다. 12분 동안의 테스트 중 앞의 그룹은 상당히 성적이 좋았고 12분 동안 집중력이 떨어지지 않았다. 그런데 목적을 알리지 않은 그룹의 성적은 엉망이었다. '피곤해서 집중할 수 없다'고 입을 모아 말했다.

이 실험으로 두 가지 사실을 알 수 있다. 의지력을 유지하기 위해 필요한 요인은 다음과 같다.

> ① 스스로 조절할 수 있는 것(스스로 선택한 것)
> ② 다른 사람에게 감사하다는 말을 듣는 것

회사에서도 상사는 부하에게 강제로 일을 시키기보다 일을 맡기고 책임감을 갖게 하는 것이 좋다. 자주적으로 행동하면 업무 수행 능력이 상당히 향상된다.

아무리 작은 일이라도 상관없으니 부하에게 결정권을 주자. 일을 스스로 결정하는 감각을 느끼면 집중력이 높아지고 실수도 줄어든다.

스타벅스는 직원들이 각자 스스로 결정권이 있다고 느낄 수 있도록 업무 환경을 바꿨다. 그러자 이직률이 줄어들고 고객 만족도는 상승했다. 수익은 연간 12억 달러나 증가했다.

만약 여러분이 해야 할 일은 정해져 있지만 자신에게 결정권이 없다고 느낀다면 다양한 방법을 궁리해서 일에 대한 결정권을 스스로 만들면 된다.

영업 목표 수치는 회사에서 주어진다. 이것을 할당이라고 여기고 '명령받은 느낌'으로 일에 임하면 별로 의욕이 생기지 않는다.

하지만 목표를 달성하는 방법은 스스로 정할 수 있다. 매일 방문 건수를 정해 성취도를 측정하거나 경쟁 상대를 정해 경쟁할 수도 있다. 고객에게 좋은 정보를 제공하거나 상담 상대가 되어주는 것을 목표로 정하는 방법도 가능하다.

일을 수동적으로 하지 않고 능동적으로 하는 방법을 생각해보면 결정권을 자신이 가지고 올 수 있다. 자신이 정한 일을 실행하면 동기 부여가 되어 의욕도 솟아난다. 또한 주위의 사람이나 고객에게 감사하는 마음을 받으면 그것이 격려가 된다. 그러면 의지력이 강화되어 역경에 지지 않는 정신력을 갖출 수 있다.

지금부터 자기 결정권을 적극적으로 찾아보자.

> **운습관 check** 운이 좋은 사람은 결정권을 스스로 찾는다.

스스로 운이 좋다고 생각한다
vs
스스로 운이 나쁘다고 생각한다

혹시 평소에 어떤 일이든 강한 편견을 가지고 판단하지는 않은가?

'좋은 방향'으로 자신의 생각을 굳게 믿으면 운은 올라간다. 반대로 '나쁜 방향'으로 자신의 생각을 굳게 믿으면 운은 떨어진다. 많은 사람이 잘못된 편견에 빠져 있다. 상사에게 악의가 없었는데 마음대로 악의가 있다고 판단하기도 한다.

실제로 있었던 이야기를 예로 들어보자. 한 과장이 나에게 상담을 요청했다.

"새로 온 부장님이 본사의 회의 내용에 대해서 제게는 아무런 피드백을 해주지 않아요. 지금 부서에서 도움이 되지 않는 것 같으니 다른 곳으로 이동시켜 주세요."

그는 심각한 얼굴로 내게 이야기했다. 그래서 이 건을 해당 부장에게 이야기하자 부장은 눈을 동그랗게 뜨고 놀랐다.

"좋게 평가하지 않는다니 믿을 수 없습니다. 새로운 부서에 와서 아무것도 모르기 때문에 과장만 믿고 의지하고 있는 걸요. 본사 회의에 동석하자는 이야기를 하지 않은 것은 그가 상당히 바쁘게 일을 하고 있어서 적어도 회의의 부담 정도는 제가 덜어주고 싶었기 때문입니다. 사실 평소에 그가 본사 회의는 시간 낭비라고 말하기도 했고요."

왜 피드백 하지 않았는지에 대한 이야기도 들었다.

"그렇게 생각했다니 몰랐군요. 피드백이고 뭐고 그는 이미 다른 사람에게 회의 내용을 듣고 전부 알고 있었어요."

과장은 본사에서 있었던 회의 내용을 이미 동료로부

터 듣고 알고 있었던 것이다. 본사의 회의는 시간 낭비라고 말했던 것도 사실이었다. 다만 동료와 커뮤니케이션을 하고 싶어서 회의에 출석하고 싶어 했던 것이다. 과장은 사실과 다른 억측으로 자칫하면 다른 부서로 이동하거나 회사를 옮기는 등 자신을 힘든 상황으로 몰아넣을 뻔했다.

위의 예시에서도 알 수 있듯이 부장은 '과장이 회의에 참석하고 싶지 않다'고 생각하고 있었고, 과장은 '부장이 데려가 주지 않는다'고 오해하고 있었다. 그 상태로 오해를 풀지 않았다면 점점 서로의 생각이 엇갈렸을 것이다.

분명 상대의 입장에서 모든 일을 생각하는 것은 어려운 일이다. 하지만 나쁜 방향으로 판단을 내리기 전에 일단 자신을 상대의 입장과 바꿔 놓고 생각해보자. 만약 상대가 무슨 생각을 하는지 모르겠다면 용기 있게 상대에게 물어보는 것도 하나의 방법일지도 모른다.

나는 이와 비슷한 사례를 수없이 많이 봐왔다. 사실과는 다른 억측으로 인간관계를 악화시키는 것은 아까운 일이다. 어차피 한쪽으로 강하게 믿을 수밖에 없다면 긍정적인 방향으로 믿어보자. 사실을 알지 못한다면 좋은 방향으로 해석하는 편이 자신에게도 편하다.

현재의 파나소닉 창업자이자 경영의 신이라 불리는 마쓰시타 고노스케는 사원 채용 면접에서 '당신은 운이 좋은 편이라고 생각합니까?'라는 질문을 자주 한다고 한다.

마쓰시타 고노스케는 스스로 운이 좋은 사람이라고 강하게 믿고 있다. 언젠가 통근 때 타고 다니던 연락선에서 추락해 물에 빠져 죽을 뻔했지만 우연히 지나가던 어선에 구조를 받았다고 한다. 그는 배에서 떨어진 것을 결코 원망하지 않았다. 오히려 '어선의 구조를 받다니 나는 얼마나 운이 좋은 사람인가'라고 좋은 방향으로 생각했다.

어떤 일이라도 좋은 방향으로 생각하는 것이 운을 올리는 가장 좋은 방법이다.

> **문습관 check** 운이 좋은 사람은 자신에게 늘 행운이 온다고 믿는다.

제 2 장

운을
사로잡는
행동

행운은 100퍼센트 노력 뒤에 찾아온다. — 랭스턴 콜만

모험을 한다
VS
안전을 선택한다

 무언가 행동을 할 때는 위험을 감수하는 것이 좋을까? 아니면 위험은 최대한 회피하는 것이 좋을까? 이에 대한 의견은 사람마다 다를 것이다. 결론부터 말하자면 운을 끌어들이는 사람은 많은 위험을 감수하는 사람이다.
 운에게 버림받는 사람은 위험을 감수하지 않고 피하는 경향이 있다. 다시 말해 위험이 있다고 판단되는 일에 대해서는 행동하지 않는다.
 무언가를 이루기 위해서는 지금 상태에서 변화하지

않으면 안 된다. 오늘도 어제와 똑같이 행동하면 어제와 같은 내일이 찾아온다. 그것은 변하지 않는다는 의미에서는 안전하고 안심할 수도 있다. 하지만 지금보다도 행복한 내일이 찾아올지도 모른다는 기대는 버려야만 한다.

내일을 지금보다 충실하게 보내고 싶다면 어제와 다른 행동을 해야 한다. 다만 결과가 어떻게 될지를 깊이 생각하지 않고 돌발적으로 행동하는 것은 좋은 방법이 아니다. 그런 행동은 지나치게 위험하다.

'운'이 좋은 사람은 어느 정도 위험이 있지만 그 보상이 훨씬 더 많이 돌아온다고 판단될 때만 위험을 무릅쓰고 도전한다.

내가 영업 본부장으로 있을 때 신규 점포의 지점장을 사내 공모한 적이 있다. 스스로 손을 들고 나선 사람은 세 명이었다. 그 중 두 명을 신규점포의 지점장으로 발령을 냈다. 공모해서 뽑은 지점장이 맡은 점포의 매출이 어떠했는가는 정확히 기억하지 못한다.

다만 이 때 손을 들었던 세 명은 모두 그 후 크게 출세했다. 공모에 응모하지 않았던 사람의 대부분이 점포의 실적이 나쁘면 부끄럽다거나 책임을 져야 할지도 모른다고 생각했다.

회사가 사원에게 원하는 것은 도전 정신이다. 리스크가 있는 상황에서도 적극적으로 도전할 수 있는 사원을 원한다. 결과는 환경 등 다양한 요소의 영향을 받아 변한다.

긍정적으로 행동하면 결과가 따라오지 않더라도 평가가 떨어지지는 않는다. 사내 공모처럼 사원이라는 신분이 보장되어 있는 상황에서의 경쟁에는 적극적으로 위험을 감수해야 한다.

어떤 위험을 감수할지 판단하는 기준은 실패해도 다시 일어날 수 있는지 여부다. 실질적 손해가 크지 않은 일에는 실패를 두려워하지 말고 적극적으로 도전해보자.

'데이트하자는 말에 거절당하면 어쩌지.'
'사내 공모에 응모했다가 잘하지 못하면 부끄럽겠지.'
'회의에서 발표했다가 시시한 의견이라고 단번에 거절당하는 건 싫어.'

이런 일은 실패해도 위험이 크지 않다. 물질적인 손해

는 없다. 자존심에 작은 상처를 줄 뿐이다. **한 번도 창피를 당하지 않고 성장할 수는 없다.** 창피함은 성장하기 위한 근원이 된다. 다시 일어설 수 있고 실제로 입는 손해가 적은 위험을 감수하고 도전하면서 운을 올려보자.

또 한 가지 중요한 것이 있다.

> ① 절대로 일어나지 않는 일은 없다. 어떤 일이라도 일어날 수 있다.
> ② 일어날 가능성이 있는 일은 반드시 언젠가는 일어난다.

이 교훈을 기억해두자.

가로세로 낱말퀴즈는 옛날에는 일부 지식인이 즐기는 고급 오락이었다. 이것을 대중을 타깃으로 하여 베스트셀러가 된 책이 있다. 이 베스트셀러가 탄생하기까지의 과정이 드라마 같다.

출판사의 직원이 책이 완성되기 직전에 원고를 택시에 두고 내리는 실수를 저질렀다. 그런데 저자가 '일어날 가능성이 있는 일은 반드시 언젠가는 일어난다'는 교훈을 늘 염두에 두는 사람이었다. 그는 매주 주말에 수작업으로 원고를 백업해두었다. 복사기가 없던 시대에 같은 내용을 백업하는 것은 상당히 힘든 작업이었지만, 그 진중함이 공을 발휘해 베스트셀러를 만들었다.

운을 끌어들이는 사람은 적극적으로 도전하지만 일어날 가능성이 있는 위험을 인식하고 무모한 모험은 하지 않는다. 바꿔 말하면 항상 언제 일어날지 모를 위험을 염두에 두고 행동한다. 다시 일어설 수 있고 실질적 손해가 적은 위험을 감수하여 운을 올리자.

> **운습관 check** 운이 좋은 사람은 도전 정신을 가지고 있다.

경우에 따라 입장을 바꾼다
VS
한번 내린 결정을 바꾸지 않는다

 운이 좋은 사람과 나쁜 사람의 차이는 실패했을 때 앞으로 어떻게 해야 할지 검토하는 방식에 있다.

 '역지정가 주문'이라는 주식매매 수법이 있다. 이것은 매수한 주식이 생각만큼 올라가지 않고 반대로 떨어질 경우에 일정 주가보다 떨어지면 자동으로 매도하는 수법이다. 바꿔 말하면 미리 손실을 확정해두는 방법이다. 예상이 빗나간 주식에 미련을 버리지 못하고 계속해서 보유하다가 회복 불가능한 상황이 되기보다는 다음 기회에 도전할 자금을 확보해두는 쪽이 더 좋은 대

책이다.

우리 인생에서도 되돌릴 수 없는 실패를 막기 위해서 손실이 일정치를 넘으면 손절하는 용기가 필요하다. 여기에서 말하는 손실은 금전뿐만 아니라 '시간', '애정', '노력'도 포함된다.

지금 이대로 함께 한다고 행복해지지 않을 것을 알면서도 형편없는 남성과 헤어지지 못하고 관계를 질질 끌고 있는 여성이나 합격은 거의 불가능한데도 10년 넘게 사법고시에 계속 도전하는 사람, 이들은 왜 과감히 끊어내지 못하는 것일까? 가장 큰 이유는 끊어내는 시점에서 실패를 인정하는 것이 되기 때문이다.

자신의 선택이 틀렸다고 인정하는 것은 괴로운 일이다. 또한 그동안 소비한 시간, 애정, 노력이 아깝게 느껴져 언제까지고 과거에 사로잡혀 결단을 내리지 못하는 경우도 있다. 이 현상을 행동 경제학에서는 '콩코드 오류(매몰비용효과)'라고 부른다.

'형편없는 남자친구가 언젠가 다시 일어설 것이다', '도전을 계속하면 언젠가 사법고시에 합격할 것이다' 이렇게 스스로 생각하면서 쓸데없이 시간을 낭비한다.

다른 사람의 입장에서 본다면 빨리 관계를 끊거나 포기하는 편이 좋을 거라고 생각하지만 당사자는 자신을 객관적으로 보기를 피하고 있는 것이다.

나 역시도 인생을 되돌아보면 포기해야 할 순간에 결정을 내리지 못해 손실을 키운 경험이 몇 번이나 있다.

운이 좋은 사람은 자신이 하고 있는 일이 나쁜 방향으로 움직이기 시작하면 언제라도 그만둘 준비가 되어 있다. 그리고 상황이 악화되면 발 빠르게 빠져 나오는 결단력이 있다.

기회를 붙잡기 위해서는 실패를 마다않는 행동이 필요하지만 긴 인생에서는 철퇴하는 결단도 때로는 필요하다. **운이 좋은 사람은 사소한 자존심이나 체면을 하나하나 신경 쓰지 않고 긍정적인 큰 배짱도 갖추고 있다.**

인생에서 실패는 따라올 수밖에 없다. 실패는 부끄러워하지 않아도 된다. 자신의 판단과 행동이 잘못되었다고 깨달았다면 바로 용기를 가지고 방향을 바꿔야 한다. 이런 이야기를 하면 '운이 좋은 사람은 변덕스럽고 태도를 쉽게 바꾸는 사람이구나'라고 오해하는 사람이 있는데 그렇지 않다.

마음 내키는 대로 여기저기 돌아다녀서 성공하기는 불가능하다. **큰 결단을 내릴 때라든지 이 길을 선택하는 것이 과연 좋은가를 고민할 때는 어떤 상황에서 철퇴할 것인가를 미리 정해둔다.**

우선 자신이 놓인 상황을 잘 살펴보고 거기에 머물러서 원하는 결과를 얻을 수 있다면 참고 기다리는 시간도 필요하다. 단, 그 자리에 머물러도 좋은 결과를 얻을 수 없다는 판단이 설 때는 용기 있게 철퇴한다.

인생은 한 번 뿐이다. 시간은 멈춰주지 않는다. 후회해도 예전으로 되돌아갈 수는 없다. 하지만 앞으로 새로운 선택을 해서 만들어갈 미래가 있다. 어떤 선택을 해도 스스로가 정한 것을 후회하지 않는 것이 성공의 조건이다.

운습관 check 운이 좋은 사람은 실패를 인정한다.

경험에서 오는 직관을 믿는다
vs
형편이 좋은 쪽으로 끌려간다

 선택을 망설일 때 어떤 방식으로 결단을 내리는 편인가? 과거의 데이터를 분석하거나 참고가 되는 책을 읽고 전문가에게 물어보는 등 결단을 내리는 방법은 다양하다. 결단을 내릴 일의 심각성이나 중요도에 따라서도 선택 방법은 달라진다.

 SBI 홀딩스 기타오 요시타카 사장 앞으로는 매일 수많은 안건이 올라온다. 사장 앞으로 올라오는 수준의 안건이므로 판단을 잘못하면 수억의 손실이 생기는 내용도 많이 포함되어 있다. 기타오 사장은 이런 안건에 대해 30초 이내에 판단을 내린다. 운이 좋은 사람은 결단이 빠르다. 때에 따라서는 직관으로 결정을 내리기도 한다. 성공 철학의 원조라고도 불리는 나폴레온 힐Napoleon Hill은 《놓치고 싶지 않은 나의 꿈 나의 인생 Think and Grow Rich》에서 결단력이 얼마나 중요한지를 강조했다.

나폴레온 힐이 2천 5백 명을 조사한 결과 30항목에 달하는 실패의 원인 중 가장 큰 **실패 원인은 결단력의 결여라고 발표했다.** 또한 거대한 재산을 모은 몇 백 명의 세계 최고 부유층 사람들을 분석한 결과 그들은 예외 없이 빠른 결단력을 갖고 있었다.

> 인생의 전환기에 섰을 때 결단을 내리지 않고 그 시간을 그냥 흘려보내는 것이 가장 나쁘다. 자신의 의지로 결정하면 결과가 어느 쪽으로 굴러가도 후회하지 않지만, 그냥 흘려보내 버리면 계속해서 원망하게 된다.' —《인생의 선율》간다 마사노리

이 말은 원래 전설적인 실업가 곤도 도타의 말이다. 나는 이 말에 답이 있다고 생각한다. 자신이 선택하지

않은 쪽의 결과는 영원히 알 수 없기 때문에 자신이 선택한 쪽을 정답이라고 믿는 것이 가장 좋은 방법이다.

결단을 내렸다면 다른 한 쪽의 선택지를 잊어버리는 것이 운이 좋은 사람의 공통점이다. 만약 자신의 선택이 틀렸다면 다음 기회를 살리면 된다.

성공한 사람도 어느 쪽이 옳은지 미리 알고 선택하는 것은 아니다. 다만 신념을 가지고 결단을 하고, 그 후로는 망설이지 않고 오로지 성공을 향해 있는 힘껏 노력한다. 따라서 빠르게 결단할 수 있는 습관을 들이는 것이 중요하다.

그러기 위해서는 작은 결단을 내리는 것부터 시작해보자. 레스토랑에서 메뉴를 정할 때나 어느 영화를 볼지 망설일 때도 순간적으로 결단을 내리는 연습을 해보자. 이런 정도의 결단은 판단이 틀려도 큰 손해를 보지는 않는다. 점점 결단하는 데 익숙해질 것이다.

그리고 아무리 생각해봐도 망설여진다면 마지막엔 '직관'을 믿어보는 것도 하나의 방법이다. 의외로 인간의 직관은 잘 맞는다. 다만 모든 것을 숙고하지 않고 직관에만 의존하는 것은 좋은 방법이 아니다.

직관에 의존하지 않는 편이 좋은 경우는 다음 세 가지다.

> ① 경험치가 적은 일
> ② 욕망이 얽혀 있을 때
> ③ 희망적 관측

①은 많은 환자를 진찰해온 의사의 직관이나 몇 천 명을 면접해 온 면접관의 직관이 맞을 때도 있지만, 전혀 분야가 다른 일에는 직관에 의존하지 않는 편이 좋다는 말이다.

②는 도박처럼 돈에 대한 욕망이 얽힌 직관은 맞지 않는다는 말이다.

③은 ②와 비슷한데 한쪽으로 치우친 결단을 내리는 것이 자신에게 편할 것 같은 경우다. 이것은 직관이 아니라 소망이다.

결단을 내리지 않고 고민에 고민을 거듭한 결과 이치나 상식으로 자신을 납득시켜 고른 선택지보다 순간적으로 떠오르거나 한번에 '이것이 좋다', '이것을 하고 싶다'고 두근거리는 느낌을 받은 선택을 실행했을 때 일이 더 잘 풀린 경험이 있지는 않은가?

마지막에 어떤 선택을 할지는 개인에 따라 다르겠지만, 직관을 갈고 닦는 것은 분명 행운의 비결이다.

> **운습관 check** 운이 좋은 사람은 의사결정이 빠르다.

기적을 부른다
vs
기적을 기다린다

과거의 위인들은 성공을 거두는 과정에서 몇 번이고 기적과 같은 일을 경험했다. 기적은 역사에 이름을 남긴 유명한 인물이 아닌 사람들에게도 일어난다.

과거에 했던 일 중에 잘 풀린 일을 떠올려보자. 지금 생각해보면 신기하게 여겨지는 일이 일어난 경험을 했을 것이다. 왜 그 때 그 사람과 만났을까, 왜 그 장소에 갔을까, 시간이 지나 생각해보면 신기하게 느껴지는 일이 있을 것이다.

앞에서 어렸을 때 라쿠고카였던 이야기를 했다. 나는

라쿠고카로 성공했다고는 말할 수 없다. 다만 초등학교 6학년이었던 내가 라쿠고카가 되었다는 점만은 자랑스럽게 이야기할 수 있다. 나를 제자로 받아준 스승은 당시 가미가타 라쿠고협회 회장이었던 6대 쇼후쿠테이 쇼카쿠다. 스승에게는 매일 제자가 되고 싶은 수많은 지원자가 찾아왔다. 그 대부분이 아마추어 명인대회 같은 텔레비전 프로그램에서 명인상을 수상한 상당한 실력이 있는 사람들이었다.

그런 가운데에서 의무교육도 끝나지 않은 어린이가 제자로 들어가 인정을 받은 것은 기적과 같은 일이다. 나는 라쿠고카를 꿈꾸며 온갖 방법을 찾아 제자가 되기 위한 노력을 했다.

그럴 때 기적이 일어났다. 신문배달을 하고 있는 친구가 라쿠고카 쇼후쿠테이 쓰루코의 집을 찾아준 것이다. 나는 재빠르게 방문했다. 내가 제자가 되고 싶다고 부탁을 하자 '아직 입문 4년차라 제자를 둘 수 없다'고 하며 스승인 쇼후쿠테이 쇼카쿠씨의 집에 데려가 주었다. 저녁 7시 무렵이었다. 쇼카쿠 스승은 협회 관련 일로 약 1시간 동안 회의를 한 후에야 물었다.

"그런데 쓰루코, 넌 오늘 무슨 일로 왔느냐?"

"네. 스승님의 팬이라는 이 아이가 제자가 되고 싶다고 합니다."

그 순간 쇼카쿠 스승은 무서운 도깨비 같은 표정으로 나를 바라보았다.

"내 라쿠고를 들어본 적은 있느냐!"

확실히 기분이 좋지 않은 모습이었다. 당시는 쇼후쿠테이 니카쿠나 가쓰라 산시(현재 예명 가쓰라 분시)를 중심으로 텔레비전에서 젊은 라쿠고카가 인기를 얻으며 일종의 라쿠고 붐이 일고 있었다. 그런 정통에서 벗어나 유행에 따라가는 풍조를 스승은 그다지 좋지 않게 생각하고 있었다.

어디까지나 고전 라쿠고를 사랑하는 사람을 제자로 두고 싶었을 것이다. 그런 때에 초등학생인 내가 제자로 들어가고 싶다고 지원했으니 유행에 휩쓸린 사람 중 한 명이라고 생각해도 어쩔 수 없는 일이었다.

무서운 표정으로 "내 라쿠고를 들어본 적은 있느냐!"라는 질문을 받았을 때 내 심장의 고동은 터질 듯 뛰고 있었다. 긴장해서 꼼짝달싹할 수 없는 상태였다.

그런데 기적 같은 일이 있었다. 초등학생인 내가 라쿠고를 라이브로 들을 기회는 많지 않았다. 현장에서 직접 본 것은 겨우 두 번 뿐이었다. 처음은 오사카 만국박람회 기념공원에서 신문사가 주최한 축제가 있었는데, 내가 친구와 놀러갔을 때 때마침 쇼카쿠 스승의 라쿠고 무대가 예정되어 있었던 것이다.

두 번째는 NHK의 라쿠고 프로그램 공개 녹화 방청에 당첨되어 오사카 후생연금회관에 갔던 적이 있다. 그때 마지막 무대를 장식했던 분이 쇼카쿠 스승이었다.

이 두 번의 일은 스승의 집을 방문하기 겨우 3주 전에 있었던 일이었다. 만국박람회 기념공원에서도 후생연금회관에서도 그 후 쇼후쿠테이 쇼카쿠 스승의 집에 갈 것이라고는 꿈에도 생각하지 못했다. 우연히 내가 살던 집 가까운 곳에 라쿠고카 쇼후쿠테이 쓰루코가 살고 있었고, 그 분의 스승이 쇼후쿠테이 쇼카쿠였다.

나는 스승의 질문에 떨리는 목소리로 대답했다.

"네. 만국박람회 공원에서 보여주셨던 〈스모장 풍경〉도 후생연금회관에서 보여주셨던 〈하쓰텐진〉도 보았습니다"라고 말하자 스승은 순식간에 기분이 좋아지셔서

"네가 내 팬이라고"라며 큰 소리로 웃었다. 아마도 내가 스승의 무대를 쫓아다니며 보는 열성적인 팬이라고 생각하셨던 것 같다. 그렇게 하여 입문 허가를 받았다.

운이 좋은 사람은 결과를 신경 쓰지 않고 끊임없이 움직인다. 운이 나쁜 사람은 행동을 하지 않고 기적이 일어나기를 기다린다.

> 문습관 check | 운이 좋은 사람은 스스로 행동한다.

현재를 소중히 여긴다
vs
미래를 꿈꾼다

자기계발서에는 꿈과 목표를 내걸고 종이에 쓰거나 긍정하면 실현된다고 적혀있다. 나도 이 말이 틀렸다고는 생각하지 않지만, 이런 방법에만 의지하는 것은 생각해 볼 일이다.

예전에 강연을 했을 때 이런 사람을 만났다.

"요코야마씨가 말하는 것처럼 저는 매일 꿈과 목표를 종이에 써서 긍정하고 있습니다. 매일 두근거립니다."

"대단하십니다. ○○씨의 목표는 지금 다니는 회사를 그만두고 자신의 회사를 세워 연 매출 1억 원까지 올리는 것이지요?"

"네. 그 일을 생각하는 것만으로도 두근거립니다."

"그런데 회사를 세울 준비는 하고 있으신가요?"

"네. 매일 목표를 종이에 쓰고 있습니다."

"아니, 그게 아니라 실제로 회사를 세우기 위해서 구체적으로 어떤 일을 하고 있나요?"

"그러니까 긍정을……."

솔직히 말하면 이 분은 회사를 세우는 데 성공하지 못할 것이다. 운을 끌어들이기 위해서는 행동을 해야 한다. 목표를 종이에 쓰거나 긍정하는 것은 미래를 향한 일이다.

꿈과 목표가 실현된 미래를 상상하며 두근거리는 기분이 들면 의욕도 높아진다. 다만 미래만 바라보며 현재 상황과 목표 사이에서 괴로워하면 반대로 의욕이 고갈된다.

강한 운을 가진 사람은 일반인이 상식으로 생각할 수 없을 것 같은 커다란 꿈을 이야기한다. 말도 안 되는 목표를 설정한다. 하지만 미래를 그저 바라보고 있지만은 않는다. 지금 해야 할 일에도 전력을 쏟는다. 별 것

아닌 것처럼 보이는 수수한 작업에도 손을 게을리 하지 않는다.

성공한 내 지인은 회사 창립 후 직원이 겨우 4명이었을 때 전국 100개 점포를 목표로 내세우며 직원들을 고무시켰다. 매일 직원들에게 전국으로 사업을 전개할 꿈을 이야기했다. 그런 그가 매일 하는 행동은 어제 만난 고객에게 감사의 메일을 쓰는 것이었다. 정해진 문장이 아니라 고객 한 사람 한 사람에게 맞춰 내용을 다르게 썼다. 시간과 수고를 들여야 하는 작업이지만 대충하지 않고 매일 그 일을 계속했다.

시간과 수고가 드는 일이나 귀찮은 일을 하면 운이 올라간다. 화려한 일이나 편한 일만 하려고 하면 운이 떨어진다. 바꿔 말하면 많은 사람들이 싫어할 만한 일을 솔선하는 사람이 운이 좋아지는 사람이다.

앞에서 말한 회사를 세운다는 목표를 가지고 있던 청년은 행동 플랜은 하나도 없이, 그저 이상적인 미래를 종이에 쓰고 기도만 할뿐이었다. 안타깝지만 그것만으로는 목표를 실현할 수 없다.

운을 움직이는 것은 미래도 과거도 아니다. 지금 이

순간의 행동이 운을 끌어들인다. 꿈과 목표를 바라보며 두근거리는 데 사용할 에너지는 많아야 20퍼센트까지다. 남은 에너지는 '지금 이 순간'에 사용하자. 부처는 과거도 미래도 몽상의 세계라고 말했다.

목표 설정은 중요하다. 목표가 없으면 행동 그 자체를 일으킬 수 없다. 하지만 목표를 설정했다면 일단 그것을 잊고 지금에 전력을 쏟아보자.

운이 좋은 사람의 공통된 말은 '문득 정신 차려 보니 성공해 있었다'이다. 끈질기게 '현재'를 소중히 여기며 최선을 다해 노력한다면 그 앞에는 성공이 기다린다. 그리고 또 한 가지 **운이 좋은 사람의 공통된 말은 '고생이라고 생각하지 않았다. 하는 일에 푹 빠져서 매일 즐거웠다'이다.**

운을 높이기 위해서는 다른 사람이 싫어하는 수수한 일을 꾸준히 실행해야 한다.

| 운습관 check | 운이 좋은 사람은 눈 앞의 일에 전력을 쏟는다. |

여러 가지 일을 진행한다
vs
한 가지에 집중한다

어떤 일을 진행할 때 한 가지에 집중하는 편인가? 그렇지 않으면 여러 가지 일을 동시에 진행하는 편인가?

운은 동시에 여러 가지 일을 진행할 때 성공할 확률이 높아진다. 운이 좋아지는 행동으로는 두 종류가 있다. 문자 그대로 운을 올리는 행동과 불운을 최소로 막는 행동이다. 운을 높이는 행동만큼 불운을 최소로 막는 행동도 중요하다.

실제 있었던 사례를 살펴보자. A사는 다수의 국내 은행과 외자계 금융기관에서 자금을 조달하고 있었다. B

사도 처음에는 A사와 마찬가지로 다수의 국내 은행과 외자계 금융기관에서 자금을 조달했지만, 외자계 금융기관 K은행 비용이 낮았기 때문에 대출을 차츰 K은행에 집중시켰다. 재무 효율로 보자면 잘못된 선택은 아니다. 조금이라도 금리가 낮은 곳에서 자금을 조달하는 편이 지불해야 하는 비용이 줄어든다.

하지만 2008년에 리먼 쇼크가 일어나 외자계 금융기관의 금리가 급상승했다. B사는 연간 이익을 전부 이자로 내고도 부족할 정도로 곤경에 처하여 도산 직전까지 재무 상황이 악화되었다. 국내 은행의 금리도 상승했지만 외자계와 비교하면 그렇게 많이 올라가지는 않았다. A사는 국내 은행의 지원도 받아 리먼 쇼크를 무사히 넘기고 그 후로도 순조롭게 사업을 진행할 수 있었다.

리먼 쇼크 규모의 금융위기는 아무도 예상할 수 없는 일이었다. 따라서 B사의 위기는 예측할 수 없었던 일이 원인이었기 때문에 운이 나빴다고도 말할 수 있다. 하지만 운이 좋은 사람은 선택지를 여러 개 준비해둔다.

운이 나쁜 사람은 잘 풀리고 있는 상황이 영원히 이

어질 것이라고 생각하는 경향이 있다. 내가 SBI 그룹의 임원으로 있었을 때 그룹의 최고 책임자인 기타오 요시타카씨에게 신규 비즈니스 프레젠테이션을 할 때 3개에서 5개 정도 제안서를 준비했다.

당연히 제1안에 가장 많이 시간을 할애하고 내용에 대한 자신도 있었지만 대체 안을 여러 개 준비하는 것도 게을리 하지 않았다. 기타오씨는 무척 바쁜 사람이라 10분의 시간을 얻는 것도 힘들었다.

제1안이 안 된다고 해서 나와 버리면 비즈니스 기회를 놓친다. 그럴 때 제2안, 제3안으로 기회를 살려낸 적도 다수 있었다.

선택지를 늘리는 것의 의미는 여러 가지 일에 차례차례 손을 대는 것이 아니다. 노력은 한 가지 일에 집중하는 편이 좋은 결과를 낳는다.

여기서 말하는 선택지를 늘린다는 것은 어디까지나 위험 분산이 목적이다. 한 가지 일에 모든 것을 내맡기면 실패했을 때 만회하기가 힘들다. 모든 일이 잘 될 것이라고 긍정적으로 생각하면 운이 올라가지만, 살다 보면 무슨 일이 일어날지 아무도 모른다는 것도 염두에 두기 바란다. 하나씩 쌓아올린 행운을 한 번에 잃어버리는 일을 피하기 위해서다.

운이 좋은 사람은 위험을 하나에 집중시키지 않고 몇 가지 일을 동시에 진행한다. 행운은 자신이 예측할 수 없는 곳에서 찾아온다.

1999년에 스탠포드대학의 존 크럼볼츠John D. Krumboltz 교수가 성공한 사람 수백 명을 대상으로 성공의 비결을 철저하게 분석했다. 그러자 **성공한 사람의 약 80퍼센트가 지금 자신의 성공은 '예상하지 못한 우연'으로 얻을 수 있었다고 대답했다.** '목표를 향해 자는 시간도 아끼며 노력한 결과다'라거나 '평범하지 않은 능력이나 실력이 있었다'는 등의 답이 나올 것이라고 예측했지만 결과는 의외였다.

이 조사 결과에 설명을 더한다면 어쩌다 우연히 성공한 것이 아니라 수많은 일을 동시에 진행한 결과 예측하지 못했던 일이 일어나 성공을 얻을 수 있었다고 할 수 있다. **크게 성공한 사람은 놀랄 만큼 많은 일에 도전하고 있다.**

성공한 사람은 아무것도 하지 않고 기다리는 것이 아

니라 차례차례 행동으로 옮기는 사람이다. 그리고 최악의 상황도 항상 염두에 두고 실패해도 다시 일어날 수 있도록 준비하고 있다.

> **운습관 check** 운이 좋은 사람은 선택지를 늘린다.

스피드를 중요하게 여긴다
vs
퀄리티를 중요하게 여긴다

일을 진행할 때 '스피드'와 '퀄리티' 중 어느 쪽을 중요하게 여겨야 한다고 생각하는가?

상황에 따라 선택은 달라지겠지만 비즈니스에서 성공한 사람의 대부분은 스피드를 중요하게 생각한다.

주신 SBI 네트은행의 마루야마 노리아키 사장은 SBI 모기지 주식회사(현 아루히 주식회사)의 사장 시절에 일본에서 처음으로 주택론 대리점 비즈니스를 세워 당초 직원 4명이었던 회사를 상장회사로 훌륭하게 성공시켰다.

그의 지론은 '가장 좋은 것보다 가장 빠른 것'이다.

인터넷 판매 전략을 오프라인 점포 전략으로 바꿔 겨우 1년 반 만에 47개 점포를 출점시켰다. 이 스피드에는 간부 직원으로부터도 반대 목소리가 있었지만 그 의견을 잘 조정하여 출점 스피드는 늦추지 않았다.

그 결과 스피드 전략이 공을 이뤄 업계 1위 칭호를 얻을 수 있었다.

스피드를 우선하는 이유는 두 가지다.

① **스피드가 빠르면 실패했을 때 방향을 전환할 수 있다**

일을 일찍 시작하면 잘못된 부분을 발견했을 때 수정할 시간이 있다. 퀄리티를 중요하게 생각하여 만반의 준비를 한 후에 시작해도 반드시 성공한다는 보장은 없다. 기획서를 완벽하게 작성하기 위해 애쓰며 기획서를 잘 내지 않는 직원보다도 완벽하진 않아도 일단 기획서를 만들어 보여주는 직원이 길게 봤을 때 성공한다. 내 주위에 책을 출판하고 싶다는 사람은 수없이 많다. 기획서를 써오면 출판사에 소개해주겠다고 말했을 때 바로 써서 오는 사람은 그 후에 정말로 책을 출판한다. 반대로 정확도를 중시하여 몇 번이고 새로 고쳐 쓰면서 기획서를 완성시키지 못하는 사람은 책을 영원히 내지 못한다.

> **② 스피드는 의식하지 않으면 올라가지 않는다**
>
> 퀄리티는 익숙해지면 자연스럽게 향상되지만 스피드는 의식하지 않으면 빨라지지 않는다. 한 회사에서 매년 신입사원에게 봉투에 DM 넣는 작업을 시켰다. 이 회사에 입사한 신입사원들은 매년 한결같이 '대학까지 졸업해서 이런 단순 작업을 해야 하다니 너무하다'고 투덜거렸다. 회사는 방법을 바꿔 신입사원을 세 개 팀으로 나눠 경쟁시켰다. 그러자 날이 갈수록 작업은 스피드가 올라갔다. 3주 후에는 각 팀이 예년보다 3배나 많은 양을 작업해냈다. 경쟁으로 스피드를 의식하게 되어 종이를 접는 법이나 풀칠하는 순서를 고민하기 시작했기 때문이다. 이 방법을 도입하여 업무량이 3배로 올랐을 뿐만 아니라 신입사원들은 매일 즐겁게 일을 할 수 있었다.

'계획을 세운 날이 길일'이라는 일본 속담이 있다. 무언가를 해야겠다는 생각이 들었다면 그 날을 길일로 생각하고 바로 시작하는 편이 좋다는 의미다.

'생각한 순간이 바로 행동할(해야 할) 순간'이다.

우리가 사는 세계에서는 신기하게도 무엇이든 빨리 착수한 사람과 회사에 행운의 여신이 찾아오는 듯하다. 인터넷의 보급으로 비즈니스 환경의 변화 스피드는 점점 빨라지고 있다.

'전례가 없어서 할 수 없다……' 이 말은 운에서 볼 때 마이너스다. 전례가 없기 때문에 한다는 '호기심'이 행운을 가져다준다.

> **운습관 check** 운이 좋은 사람은 일단 해본다.

기회를 붙잡으러 움직인다
vs
기회를 계속 기다리기만 한다

 여러분은 행운을 우연히 만나는 일이 많은 편인가? 아니면 적은편인가?

 차례차례 기회를 만나는 사람이 있는가 하면 좀처럼 기회를 얻지 못하는 사람도 있다. 이 차이가 무엇인지 불가사의하다는 생각을 한 번쯤은 해보았을 것이다. 이에 대한 답을 이야기하기 전에 실제로 있었던 일화를 먼저 들어보자.

 다나카 기이치(가명)씨는 언제나 자신에게는 기회가 찾아오지 않는다며 자신은 운이 나쁘다고 한탄했다. 그런 다나카 기이치씨를 면접했던 적이 있다. 이전에 신세를 졌던 분으로부터 좋은 인재가 있다며 다나카씨를 소개받았다. 그 때 나는 회사에서 신규 출점을 계획하고 있었기 때문에 다나카씨는 점장으로 딱 맞는 사람이었다.

다나카씨는 면접 당시 대형 은행을 퇴직하고 생명보험회사에 근무하고 있었다. 회사를 옮기려는 이유는 근무하는 보험회사가 성과급제라 급여가 적어서 안정된 회사에서 근무하고 싶다는 것이었다.

나는 사장과 인사 담당 임원의 승낙을 받아 채용을 거의 확정해둔 상태였다. 배치할 소속 지점과 연봉도 정해져 있었기 때문에 면접이라고 해도 형식적인 것일 뿐, 굳이 말하자면 회사의 조건을 제시하고 얼굴을 보며 인사를 하기 위한 것이었다.

세상 돌아가는 이야기를 끝내고 마지막으로 연봉을 제시하려고 생각하는데 무심코 이력서에 눈길이 갔다. 직무 경력의 마지막에 기재되어 있는 현직 내용을 보니, '현재 저는 ○○은행에서 개인 금융을 담당하고 있습니다'라고 적혀 있었다.

나는 다나카씨가 지금 △△보험회사에서 보험 영업을 하고 있다고 들었기 때문에 그 이력서는 ○○은행을 그만두고 △△보험회사로 이직할 때 썼던 것임을 알 수 있었다. 이 직무 경력 내용을 보고 나는 그를 채용하지 않기로 마음을 바꿨다.

회사를 옮기는 일은 인생의 방향을 정하는 중요한 일이다. 그런 중요한 일에 임하면서 예전에 은행을 그만두고 보험회사로 전직할 때 쓴 이력서를 확인도 하지 않고 그대로 제출하는 무성의한 태도를 결코 용납할 수 없었다.

우리 회사에서 일하는 것이 행운이라고는 말할 수 없지만, 다나카씨에게 지급하기로 예정되어 있던 급여 제시액은 현재 근무하고 있는 보험회사의 연봉보다 훨씬 높은 금액이었다. 다나카씨는 그 후 술을 마시며 자신이 운이 없다고 한탄했다고 한다.

과연 다나카씨에게는 기회가 없었을까? 그렇지 않다. 다나카씨는 손에 넣은 운을 스스로 내던져버린 것이다.

회사를 옮기는 일은 인생에서 아주 중요한 사안이다. 이런 기회가 왔을 때 이전에 사용했던 이력서를 확인도 하지 않고 다시 사용하는 사람에게 행운은 찾아오지 않는다.

실제로 이런 사람이 많다는 사실에 그저 놀랄 뿐이다. **기회는 눈앞에 잔뜩 굴러다니고 있다. 언제 어떤 때라도 기회가 있으면 잡겠다는 사고방식과 행동이 중요하다.** 언제 기회가 올지 모르니 방심하지 말고 언제라도 매일 실전이라고 생각하며 최선을 다해 노력하자.

세상에는 기회를 잡으려는 사람과 잡을 생각이 없는 사람이 있다. 앞에서 말한 다나카씨의 경우 기회가 손안에 들어왔는데도 불구하고 스스로 내던졌다. 기회는 붙잡는 것이라는 사실을 명심해두자.

운이 나쁜 사람은 기회란 자연스럽게 발생하는 것이라고 착각한다. 아무것도 하지 않고 기회가 찾아올 확률은 한여름에 눈이 내리기를 기다리는 형국이나 다름없다. 현실에서는 일어나지 않는다. 눈앞의 기회에 전력투구하는 마음의 준비를 해두자.

> 문습관 check | 운이 좋은 사람은 기회가 찾아왔을 때 방심하지 않는다.

나눠준다
vs
요구한다

운을 끌어올리기 위해서는 다른 사람에게 나눠줘야 한다.

우리가 사는 세계는 많이 나눠주는 사람이 이기는 구조로 되어 있다. 나눠주면 좋다는 이야기는 누구나 들어본 적이 있을 것이다. 하지만 마음속에서 정말로 나눠주면 운이 좋아지는 걸까 의문이 드는 것도 사실이다.

나는 30년 동안 많은 사람을 봐 왔다. 임원이 된 후로 누가 성공할지 누구에게 행운이 찾아올지 계속 관찰했다. 승리의 깃발은 '나눠주는 사람'쪽에서 올라갔다. '나눠주다'의 반대는 '요구하다'이다. 이 '요구하는 사람'은 안타깝지만 성공하지 못한다. K씨는 인사 면담 자리에서 급여를 올려달라고 이야기했다.

"저는 이렇게 열심히 일하고 있는데 어째서 ○○보다 급여가 적은가요?"

상당히 화가 나 있는 말투였다. 나는 묵묵히 이야기를 들었다. 다음 면담에서도 똑같이 급여를 올려달라고 요구했다.

"이번에도 급여를 올려주지 않으시면 회사를 그만두겠습니다. 라이벌 회사에 간 ○○씨는 ○○만 엔이나 받고 있다고 하던데요."

"그럼 자네도 ○○씨와 같은 회사에 가면 되지 않겠는가"라는 말은 하지 않았지만 내심 이런 기분이 들었다. 결국 K씨는 급여를 올려 받지 못했다. 현재도 회사를 그만두지 않고 주위 사람들에게 자신의 급여가 낮다고 불만만 털어놓는 나날을 보내고 있다.

K씨는 왜 급여가 올라가지 않을까? 그것은 요구하기 때문이다. 요구하는 사람은 항상 불만을 가지고 일한다. 불만을 품고 일하면 좋은 결과가 나오지 않는다.

T씨는 6개월마다 급여가 올라갔다. 면담 때 급여를 올려주겠다는 이야기를 하면 언제나 "이렇게나 받아도 괜찮은가요?"라고 말했다. T씨는 많은 사람에게 나눠 주는 사람이었다. 아무리 바빠도 전화를 제일 먼저 받았다. 전화를 먼저 받아서 다른 사람에게 일을 할 시간을 나눠준 것이다.

일을 부탁하면 "네, 알겠습니다. 제가 도와드릴 수 있어서 기뻐요"라고 말했다. 그 말로 나에게 기쁨을 나눠주었다. T씨는 누가 부탁을 해도 싫은 얼굴을 하지 않았다. 그러면 점점 같은 편이 늘어나 일도 순조롭게 풀리고 성공할 수 있다.

요구만 하는 사람은 서서히 자신의 편이 줄어들고 불평불만만 하면서 일을 하게 되어 악순환에 빠진다. 요구하는 것은 빼앗는 것이다. 자신으로부터 무언가를 빼앗은 사람을 사람들은 좋아하지 않는다.

계속해서 나눠주는 사람은 나눠주면서 자신을 채우는 것이 특기인 사람이다. **나눠주는 사람에게는 같은 편이 되어주는 사람이 많이 생긴다. 모두가 응원해주기 때문에 원하는 것을 손에 넣기 쉬워지고 운이 올라간다.** 많은 사람은 상대가 나눠주면 자신도 나눠줄 거라고 말한다.

"아내가 좀 더 잘 챙겨준다면 다정하게 대해줄 텐데" "회사가 나에 대해 평가해준다면 더 열심히 일할 텐데" "○○씨가 △△해준다면, 나는 □□해줄 텐데" 이런 말을 자주 듣는다.

안타깝지만 먼저 요구하는 사람에게는 누구도 나눠주지 않는다. 우리가 사는 세계는 자신이 원하는 것을 먼저 다른 사람에게 나눠주면 운이 상승하는 구조로 되어 있다. **나눠주는 것은 금전만이 아니다. 다른 사람을 기분 좋게 하는 것도 나눠주는 일이다. 항상 웃으며 지낸다고 해도 아무런 손해가 없다. 다른 사람에게 다정하게 대해줘도 당신은 아무것도 잃지 않는다.**

행운을 손에 넣는 사람은 먼저 나눠줄 수 있는 사람이다.

> **운습관 check** 운이 좋은 사람은 불평불만을 입에 담지 않는다.

돈을 흐름으로 생각한다
vs
돈을 저장품으로 생각한다

 운을 주제로 한 강연을 하다보면 '어떻게 하면 돈을 모을 수 있습니까?' 하는 질문을 받는다.

 돈을 모으는 방법에는 수입을 늘리는 방법과 지출을 줄이는 방법이 있다. 지출을 줄이는 일은 중요하지만 지출을 줄이는 방법에 따라 결국 돈이 모이는 방식이 달라진다. 즉 **절약 방식에 따라 운이 달라진다.**

 운이 좋은 사람이란 돈을 많이 모아둔 사람이 아니다. 돈을 순환시키는 사람이다. 허름한 집에 살면서 친구도 만나지 않고 항상 이상한 냄새가 나는 너덜너덜한 옷을 입고 있던 학교 선생님이 있었다. 당연히 아무도 상대하려 하지 않았다. 그가 고독사 했을 때의 저금통장에는 잔고가 1억 엔이 넘게 있었다고 한다. 실제로 있었던 일이다.

과연 그 선생님은 운이 좋았을까? 물론 저금통장의 잔고를 늘리는 것에서 기쁨을 느꼈는지도 모르기 때문에 일률적으로 말할 수는 없지만 운이 좋지는 않았다고 생각한다.

인생을 살아가는 목적이 돈 그 자체가 되면 운은 멀어진다. **돈은 어디까지나 행복하기 위한 수단이지 목적이 되어서는 안 된다.** 절약 그 자체는 나쁘지 않다. 중요한 것은 절약하는 방법이다.

내가 아직 20대일 무렵 한 거래처의 A사장으로부터 점심 초대를 받았다. 장소는 가까운 유명 호텔이었다. 나는 동기 세 명과 함께 어떤 맛있는 요리를 먹을지 기대하고 있었다.

메뉴판을 받아 무엇을 먹을지 살펴보고 있을 때 A사장은 모든 사람의 메뉴판을 거둬들이고 가장 싼 정식을 주문했다. 우리가 늘 먹던 정식과 똑같은 것이었다.

식사 후에 웨이터가 커피나 홍차를 마시겠냐고 권유하자 그 사장은 음료가 정식에 포함된 것인지 확인한 후 따로 요금을 내야 한다는 이야기를 듣자 무료로 나오는 차를 주문했다. 식사 중에 자신의 회사가 얼마나 대단한지 역설했지만 가장 싼 정식과 무료로 제공되는 차를 대접받은 우리는 전혀 흥미를 느끼지 못했다.

반면 B사장은 상당한 절약가로 돈에 대해서는 무척 꼼꼼한 사람이었다. 10엔 단위의 단가 교섭에 1시간 이상 걸릴 때도 있었다. B사장의 사무실에서는 광고지 뒷면을 메모용지로 사용하고 봉투도 재사용할 정도였다.

어느 날 그 B사장으로부터 송년회에 초대받았다. 장소는 오사카 로열 호텔이었다. 평소 먹지 못하는 호화로운 요리가 늘어선 뷔페 형식이었다. 요리 하나당 티켓으로 정산하는 시스템이었는데 B사장에게 티켓을 몇 십장이나 받았기에 다 쓰지 못할 양이었다.

돌아가는 길에는 선물을 건네주더니 집까지 택시를 태워주었다. 업무 교섭에서 10엔 단위도 꼼꼼히 따지던 모습과는 전혀 다른 대접이었다.

A사장도 B사장도 절약가라는 사실은 같다. 조금이라

도 지출을 줄이고 돈을 모으려는 자세는 똑같다. 하지만 B사장은 회사 거래에서는 엄격하게 교섭하지만 들어온 돈을 꼭 필요한 순간에는 아끼지 않고 사용했다. **돈을 저장해두지 않고 순환시키는 것이다.**

반면 A사장은 주변 사람의 기분을 전혀 배려하지 않고 항상 지출을 줄이는 데만 집중하여 행동했다. 10년 후 A사장의 회사는 경쟁 회사에 뒤처져 다른 회사에 흡수되었고 B사장의 회사는 더욱 큰 실적을 쌓아나갔다.

B사장은 평소 비즈니스 교섭에서 조금이라도 경비를 줄여 이익을 올리려고 애썼다. 다른 회사와의 경쟁에서 이기고 직원의 대우를 개선하기 위한 절약이다. 그리고 그저 모으기만 하지 않고 주변 사람들을 기쁘게 하는 데 아낌없이 돈을 사용했다. B사장과 같은 행동이 운을 높인다.

습관 check — 운이 좋은 사람은 돈의 사용 방식에 긴축과 이완이 있다.

제 3 장

운을 불러들이기 위한 스스로의 힘

행운은 적어도 한 번은 모든 사람의 문을 두드린다. — 이탈리아 속담

자신의 약함을 겁낸다
vs
자신의 강함에 취한다

'10년을 열심히 수행하면 자신의 강함을 안다. 그리고 10년을 더 수행하면 상대의 강함을 안다. 거기에 10년을 더 수행하면 자신의 약함을 안다.'

무술 달인이 한 말이다. 검의 수행을 쌓으면 점점 실력이 붙어 자신의 실력이 강해진 것을 실감할 수 있다. 하지만 그 상태로 무턱대고 대전에 임하면 자신보다도 강한 상대를 만났을 때 패배한다. 진짜 검이라면 목숨을 잃는다.

나아가 10년을 더 수행하면 상대의 기량을 알 수 있

게 되어 함부로 대전에 임하지는 않게 된다. 상대의 강함을 알게 되면 자신보다도 약한 상대와 대전한다. 하지만 반드시 강한 사람만이 이기는 것은 아니다.

승부에는 실력 이외의 요소가 영향을 끼친다. 어떤 사정으로 지는 일도 있다. 진짜 검이라면 목숨을 잃는다.

나아가 10년을 더 수행하면 자신의 약함을 알게 되어 검을 뽑는 일은 사라진다. 최종적인 검의 달인은 자신의 약함을 아는 것이다.

나는 20대 무렵 영업 성적이 좋았던 덕분에 회사에서 늘 좋은 대우를 받았다. 점점 지점의 매출은 자신 혼자서 벌고 있는 것 같은 기분에 빠졌다.

다른 영업 사원의 지역까지 진출하여 오로지 영업 실적을 올리기 위해서만 최선을 다했다. 동기로부터 "그렇게까지 해서 숫자를 올리고 싶어? 그게 무슨 의미가 있어?"라는 충고를 받은 적도 있었지만, 잔뜩 오만해진 나는 충고를 들으려 하지 않았다.

그런 나를 기다리고 있던 것은 입원이었다. 무리하게 일을 해서 병이 났던 것이다. 입원해서도 처음 일주일 동안은 일만 생각했다. 병원의 공중전화로 몇 번이나 회사에 전화를 걸어 상황을 확인했다.

내가 없으면 회사 일이 전혀 돌아가지 않을 것이라고 생각했기 때문이다. 하지만 나의 업무를 동기와 후배가 맡아서 처리해주었다. 그뿐만 아니라 내가 입원한 사이에도 지점의 실적은 아무런 변화가 없었다.

나를 도와준 사람은 내가 끊임없이 라이벌이라고 경계하던 동기였다. 입원 중에는 몇 번이고 병문안을 와서 격려를 해주었다. 퇴원 후에도 내가 담당하던 거래처에서 받은 제안을 모두 내게 전달해주었다. 다른 사람의 구역까지 들어가 영업 실적을 올리는 데만 열을 올리던 자신이 부끄러웠다.

그런데 그 후에도 나는 영업 실적이 좋다는 이유로 자신의 강함에 취해있었다. 반성하지도 않고 영업 실적 상위라는 사실을 우쭐거리는 행동으로 계속 표출했다. 그러다 결국 좌천되었다. 그러고는 우울증에 걸려 회사를 그만둬야 했다.

자신의 강함에 취하거나 오만한 태도를 보이거나 자만하면 주위 사람들과 멀어진다. 행운은 다른 사람이 가져다주는 것이기 때문에 사람들이 멀어지면 운이 떨

어진다.

 인간은 혼자서는 살아갈 수 없는 약한 존재다. 다른 사람의 작은 말 한 마디에 상처받거나 화가 나기도 한다. 그런 약함을 들키고 싶지 않기 때문에 강한 척하거나 자만하는 것이다.

 하지만 자신의 약함을 알 때 운은 올라간다. 자신의 약함을 알고 구체적으로 할 수 있는 행동은 다른 사람에게 가르침을 청하는 것이다. 모르는 것이 있다면 질문한다.

 우리는 가르치는 사람이 훌륭하고 가르침을 받는 사람은 아래인 것 같은 이미지를 가지고 있다. 다른 사람에게 묻는 것은 자신의 무능함을 드러내는 행위라고 느끼는 사람도 있다. 하지만 실제로는 그렇지 않다.

 누군가가 자신에게 질문을 했을 때를 떠올려보자. 그 사람이 자신보다도 무능하게 느껴졌는가? 아니면 오히려 아는 척하지 않고 묻는 자세에 경의를 표하고 싶어지지는 않았는가?

 자신의 약함을 다른 사람에게 보여주는 것은 용기가 필요한 일이다. 모르면서도 아는 척 이야기하면 잠시 마음이 편할지 모르지만 그런 태도는 운을 떨어트린다.

 운을 높이고 싶다면 자만하지 말고 가르침을 구하고 질문해보자.

> **운습관 check** 운이 좋은 사람은 약함을 드러낸다.

착실하게 노력한다
vs
자신의 능력을 과신한다

 많은 사람이 자신에게 능력이나 운이 없기 때문에 성공하지 못한다고 생각한다.

 하지만 그런 생각으로 쉽게 포기하지 말았으면 좋겠다. 인간의 능력에는 큰 차이가 없다. 누구나 평등하게 성공의 기회가 있다. **운은 작은 것을 꾸준히 실행하는 사람의 편이 되어 준다.** 운을 끌어들이는 사람은 누구나 할 수 있는 일을 아무도 못할 정도로 해낸다.

 예전에 내가 근무했던 회사에는 매년 10명 가까운 신입사원이 입사한다. 아무리 일류대학을 졸업했어도 신입사원에게 맡기는 일은 한정되어 있다. 그런 일에 불만을 느끼고 매년 몇 명은 이렇게 호소했다.

"나는 회사의 비전에 감동해서 이 회사에 들어왔습니다. 나라를 바꿀 정도로 보람 있는 일을 하고 싶습니다."

건강하고 의욕이 넘치는 신입사원의 의욕을 떨어뜨리는 것은 좋지 않다고 판단해 그렇게 말하는 사원에게 신규 비즈니스 기획서를 작성하라고 지시한다. 그리고 제출된 보고서를 읽어보면, 실현하기에는 상당히 동떨어진 내용뿐이었다. 그 점을 지적하면 "저는 대학 시절 ○○부 주장을 맡아왔습니다. 어떤 곤란도 뛰어 넘어왔기 때문에 괜찮습니다"라고 강력하게 대답한다. 비교적 실현 가능한 프로젝트를 맡겨도 문제가 생기면 변명하기 바빴다.

반대로 처음에는 눈에 띄지 않았지만 서서히 두각을 드러내는 사원은 하찮은 일도 불만 없이 꾸준히 하던 사람들이다.

운은 사람을 통해 찾아온다. 다른 사람이 응원하지 않는 사람은 운이 올라가지 않는다. 화려한 일을 선호하고 잘 되면 자신의 공로처럼 내세우는 유형의 사람은

아무도 응원하지 않는다.

거래처의 클레임 처리나 귀찮은 일을 나서서 하는 사람에게 '도움을 받고 있다'는 생각이 들기 때문에 응원하고 싶어진다. 초일류로 불리는 사람들은 일상을 소중히 여긴다. 그들이 실천하는 것은 아주 수수한 행동이다. 하지만 그 수수한 행동을 보통 사람은 생각하기 힘든 정도의 오랜 세월에 걸쳐 계속 실천한다.

영화감독 장 르누아르Jean Renoir는 만년에 류머티즘으로 움직일 수 없게 된 손가락에 연필을 끈으로 동여매어 그림의 기본인 데생을 그렸다고 한다. 피카소는 생애 14만 8천 점의 그림을 그렸다. 하루에 평균 5장씩 그린 셈이다. 미켈란젤로는 빵 한 조각과 와인 한 잔만 먹으며 한밤중에 모자 위에 초를 켜고 조각을 계속했다.

어느 날 미켈란젤로는 베네치아에 있는 귀족에게 흉상 조각을 의뢰받았다. 내키지 않았지만 의뢰를 거절하여 이상한 갈등을 일으키는 것이 두려워서 받아들였다. 10일 후에 작품을 귀족에게 가지고 갔다. 귀족은 작품 가격이 얼마냐고 물었고 그는 금화 50개라고 대답했다. 그 말을 들은 귀족은 화를 냈다. 겨우 10일 동안 만든 흉상이 금화 50개라니 말이 안 된다며 너무 비싸다고 화를 냈던 것이다. 이 때 미켈란젤로는 대답했다.

"이 작품은 분명 10일 만에 만들었습니다. 하지만 나는 이 작품을 만들 수 있게 될 때까지 20년의 세월을 투자했습니다."

귀족은 아무 말을 하지 못한 채 돈을 지불했다고 한다.

> 사람은 실패하는 것이 아니라 노력을 멈출 뿐이다.
> —엘리후 루트 Elihu Root

다른 사람이 보기에 천재라고 생각되는 사람일수록 스스로는 천재라고 생각하지 않는다. 아무도 할 수 없을 것 같은 큰일을 성공시키는 것은 훌륭한 일이다. 하지만 그런 큰일은 재능과 능력으로 달성할 수 있는 것이 아니라 착실한 노력을 계속했을 때 달성할 수 있다.

운은 착실한 노력을 지속할 수 있는 사람 곁에 모인다.

| 운습관 check | 운이 좋은 사람은 착실하게 노력한다. |

실패를 연출한다
vs
성공을 자만한다

 다른 사람에게 질투를 자주 받는 편인가? 아니면 다른 사람을 쉽게 질투하는 편인가?

 '질투'라는 감정은 다른 사람과 자신을 비교하는 데서 시작된다. 감정이기 때문에 완전히 없앨 수는 없다. 그리고 알고 있어도 컨트롤하기 힘들다.

 하지만 운에서 '질투'는 부정적인 방향으로 작용한다. 그러므로 운을 상승시키고 좋은 운을 지속시키기 위해서는 최대한 적을 만들지 않는 것이 중요하다.

 물론 당신이 성공을 향해 올라가는 과정에서 질투나

시기를 피할 수 없을지도 모른다. 그러므로 가능한 한 상대가 복수심을 불태우지 않도록 행동해야 한다.

이전에 스모 경기의 챔피언 자리인 요코즈나에 오른 선수가 승리 포즈를 취한 것이 문제가 된 적이 있다. 축구나 올림픽 우승자가 승리 포즈를 취하는 광경은 비난받지 않는데 왜 스모에서는 비난받는 걸까?

스포츠는 힘을 겨루는 승부다. 강한 사람이 이기고 진 사람은 분한 마음으로 더욱 연습하여 강해지면 된다.

스모와 같은 무예나 무술은 강한 사람이 이기는 것은 변함이 없지만 승패에는 '힘'뿐만 아니라 '정신'도 포함되어 있다. 패배한 선수를 배려하고 승리에 자만하지 않도록 자제하는 태도가 중시된다.

승리 포즈를 취한 것이 옳은지 그른지에 대한 의견은 제각각 다르겠지만 운을 끌어올리는 측면에서는 자만을 하지 않는 정신에 승리의 깃발이 올라간다.

회사 일이나 비즈니스의 상황에서도 무사가 지니는 것과 같은 품격과 도리를 지켜야 한다.

나는 뛰어난 영업 실적을 뽐내며 동료를 우습게보고 상사에게 반항한 결과 좌천되었고 이후 부득이하게 회사에서 퇴직해야 했다. 내게 결여되어 있던 것은 겸허뿐만 아니라 공적을 나눠주지 못했던 점이다.

영업 실적이 좋아 표창을 받을 때도 스포트라이트를 받는 포인트를 독점하려고 했다. 그 결과 운을 떨어트렸다. 나는 회사에서 항상 승리 포즈를 취하고 있었던 것이나 마찬가지였다.

스포츠의 세계에서는 그래도 힘이 있으면 살아남을 수 있을지도 모르지만 **비즈니스의 세계에서 혼자 잘난 체 승리 포즈를 취하고 있으면 '질투'와 '시기'를 사서 순식간에 운이 떨어진다.**

일본에서 제일 강한 운을 가졌다고 하는 기업인 마쓰시타 고노스케는 항상 "나는 학력도 없고 몸이 약하기 때문에 여러분에게 많은 도움을 받아 오늘의 제가 있습니다"라고 겸허하게 말했다. 오사카의 작은 변두리 공장에서 세계적인 기업 파나소닉을 만들어낸 공적도 대단하지만 주위의 질투나 시기를 사지 않은 점이 그의 강한 운을 유지할 수 있었던 진짜 이유일지도 모른다.

자신이 잘 나가고 있을 때 그늘에서 실패나 불운을 한탄하고 있는 사람이 있다는 것을 잊지 말자. 질투의 공격을 받지 않는 방법은 공로를 독점하지 않는 것이다. **강한 운을 가진 사람은 일부러 실패를 연출하거나 소박한 장면을 보여주기도 한다.**

반대로 일이 잘 풀렸을 때 갑자기 고급 외제차를 타거나 호화 저택을 보여주면 운은 급격히 떨어진다. 자신의 적을 최대한 줄이는 것이 운을 끌어들이는 비결이다.

운습관 check | 운이 좋은 사람은 자신의 성공만 계속 보여주지 않는다.

바보가 될 수 있다
VS
바보인 척한다

운을 끌어들여 성공하는 사람은 '바보'가 될 수 있는 사람이다. 여기서 말하는 바보란 머리가 좋고 나쁜 것을 의미하지 않는다.

정말로 어리석은 사람은 지식을 다른 사람에게 뽐내는 사람이다. 또는 이상한 지식을 가지고 정론으로 상대의 의견을 논파하려는 사람이다. 이런 유형의 사람이 성공할 가능성은 지극히 낮다. 정론으로 상대를 몰아붙이면 상대는 자기 중요감이 떨어지고 잠재적인 적이 되기 때문이다.

인간은 누구나 인정받고 싶어 한다. 자신을 인정해주지 않는 사람으로부터 멀어지려고 한다. 상황에 따라서는 인정해주지 않는 사람의 발목을 잡는 적이 될 가능성도 있다.

노벨상을 받을 수준의 두뇌를 가진 사람이라면 자만해도 문제가 없을지 모르지만 어중간한 지식을 뽐내본들 주위의 눈총을 받을 뿐이다.

여기서 이야기하고자 하는 것은 '바보가 될 수 있는 사람'과 '바보인 척 하는 사람'이다. 언뜻 보기에 다른 점이 없는 것처럼 보이지만 운의 관점에서 보면 큰 차이가 있다.

> 내 실력으로는 전혀 안 될지도 몰라. 아무리 노력해도 프레젠테이션을 잘 못하는 걸.

사실은 프레젠테이션을 무척 잘하고 본인도 그렇게 자각하고 있는 사람이다.

> 내가 상을 놓치는 일이 있더라도 다른 사람을 도와주게 된단 말이지. 지난 달 최하위였던 ○○씨가 이번 달 영업 실적 1위가 된 것은 내가 영업처를 나눠줬기 때문이야.

어떻게든 자신의 공로를 다른 사람에게 이야기하지 않고 못 견디는 사람이다.

이렇게 '바보인 척하는 사람'은 자신을 바보라고 보여주거나 겸허하다고 위장할 생각으로 말과 행동을 하지만 주위에서 보면 속마음이 빤히 다 들여다보인다.

객관성이 없으면 이런 행동을 취한다. **'운을 끌어들이는 사람'은 바보인 척이 아니라 마음 깊은 곳까지 바보가 될 수 있는 사람이다.**

앞에서도 이야기했지만, 파나소닉 창업자 마쓰시타 고노스케는 성공의 비결을 물었을 때 "내가 성공한 것은 학력도 낮고, 몸도 약했던 덕분이다"라고 대답했다. 자신의 능력이 없기 때문에 많은 사람에게 도움을 받았다는 것이다. 하지만 실제로는 그렇지 않았다. 그는 선견지명이 있는 우수한 사람으로 바보가 될 수 있는 사람이었다.

바보가 될 수 있는 사람은 회의에서 힌트는 주지만 최종 아이디어는 부하가 제안한 것을 채택한다. 애초에 자신이 생각한 아이디어라도 부하가 제안한 것으로 하면 부하는 사장으로부터 지시를 받는 것보다 의욕이 높아지고 최선을 다해 일을 성공시키려고 한다. 당시 그에게는 이런 부하가 많았을 것이다.

 혼다를 창업해 세계적인 기업으로 만든 혼다 소이치로는 외국에서 초청한 중요한 손님이 화장실에서 틀니를 빠트렸을 때 재래식 화장실에 옷을 벗고 들어가 틀니를 찾아냈다. 그 후 깨끗하게 씻은 틀니를 입에 물고 알몸으로 춤을 추며 나타났다.

 바보인 척 하는 사람과 바보가 될 수 있는 사람의 차이가 무엇인지 이해했는가. 바보인 척하는 사람은 자기중심이고 바보가 될 수 있는 사람은 상대 중심이다.

 상대가 눈치 채지 못하게 공로를 양보할 수 있는 사람이 '바보가 될 수 있는 사람'이다.

 바보가 될 수 있는 사람은 다른 사람의 의견에 트집을 잡거나 정의를 내세우지 않는다. 다른 사람의 질문에 자신의 의견을 잘난 척 떠들지도 않는다.

바보가 될 수 있는 사람은 인망이 두텁고 다른 사람들로부터 사랑받는다. 당연히 운도 끌어들인다.

운습관 check 운이 좋은 사람은 상대방을 중심으로 생각한다.

겉과 속이 같다
vs
겉과 속이 다르다

 주변에 상사가 보고 있는 곳에서는 열심히 일을 하지만 상사가 없는 곳에서는 일을 게을리 하는 사람이 있지 않은가?

 사람들 중에는 이성과 함께 있을 때와 동성들만 있을 때 태도가 다른 사람도 있다. 이렇게 **겉과 속이 다른 사람은 운에서 좋지 않다.**

 라쿠고카가 되기 위한 수행 시기에 쇼후쿠테이 쇼카쿠 스승은 겉과 속이 다른 제자에게는 엄하게 주의를 주었다. 스승은 '요령부리는 사람이 되지 말라!'는 말을 자주하셨다. 나는 이 말을 몇 번이나 들으며 자랐다.

스승이나 윗사람 앞에서만 열심히 하는 모습을 보여도 반드시 진실이 밝혀진다는 의미다. 이 말의 참뜻은 비즈니스를 하고 부하 직원을 두면서 잘 이해하게 되었다. 위에 있는 사람은 부하의 모든 행동을 보고 있다. **꾀를 부려 편하게 성공하려는 사람은 아무도 좋아하지 않는다. 아무리 서툴러도 겉과 속이 다르지 않고 노력하는 사람에게 높은 호감도가 생긴다.**

나는 1971년 11월에 쇼후쿠테이 쇼카쿠 스승 아래에 입문했다. 아직 초등학교 6학년인 어린이였다. 다음해 2월에는 지금도 텔레비전에서 활약하고 있는 쓰루베씨가 입문했다.

라쿠고카였던 이야기를 하면 '입문 당시의 쓰루베씨는 재미있는 사람이었는가?'라는 질문을 자주 받는다. 아마도 재미있는 사람이었겠지만 솔직히 내게는 재미보다는 성실한 인상이 더 강했다. 쓰루베씨의 이런 '성실함'은 '열의'로 바꿔 말하는 편이 좋을지도 모른다. '반드시 라쿠고카의 세계에서 성공하겠다!'는 열의다. 라쿠고카가 되기 위해 입문하면 제자는 3년 동안 스승의 집에서 취사, 세탁, 청소를 비롯해 스승의 온갖 수발을 들어야 한다.

쓰루베씨가 갓 입문했을 무렵에 스승이 담배 심부름을 시켰다. 쓰루베씨는 알겠다고 대답한 후 스승의 집에서 나와 3분 후 땀범벅이 되어 돌아왔다. 전속력으로 달려서 담배를 사온 것이다. 스승의 집에서 담뱃가게까지 보통 걸음으로 왕복 10분 정도의 거리였다. 그 거리를 겨우 3분 만에 왕복했던 것이다.

쓰루베씨는 성실할 뿐만 아니라 겉과 속이 한결같은 사람이었다. 스승의 집 청소는 제자들의 일이었다. 평소에는 스승이 목욕이나 머리를 깎으러 간 사이에 청소를 했다. 그 날은 스승과 사모님이 외출을 하여 밤까지 돌아오지 않았다. 사모님에게 집을 깨끗하게 해 놓으라는 말을 들은 쓰루베씨는 청소기로 우선 전체적으로 청소를 한 후 양동이에 물을 담아 신문지를 적셔 방 안 여기저기를 닦았다. 스승의 집에는 개가 4마리 있었다. 당시의 청소기 성능으로는 개털을 전부 제거할 수 없었기 때문에 쓰루베씨는 이런 작업을 한 것이다.

나를 포함해 다른 제자들은 스승이 외출한 틈에 느긋

하게 쉬는 것이 당연했는데, 쓰루베씨는 스승과 사모님이 보고 있을 때나 보고 있지 않을 때나 열심히 노력을 아끼지 않는 사람이었다. 현재 쓰루베씨가 성공한 것과 입문 당시의 일화가 관계가 있는지는 모른다. 하지만 이런 사고방식이 운을 올리는 원점이라는 것만은 틀림없다.

'신발을 지키라는 명령을 받으면 일본에서 제일가는 신발 지키는 사람이 되어 보라. 그러면 누구도 자네를 신발 지키는 사람으로 두지만은 않을 것이다.'

철도회사 한큐 전철의 창업자 고바야시 이치조의 이 말과 쓰루베씨의 일화를 포함하여 **운이 좋은 사람은 어떤 일에도 겉과 속이 다르지 않고 똑같이 노력한다**는 공통점이 있지는 않을까.

사람이 없는 곳에서는 대충하면서 본인은 처세를 잘하고 있다고 생각할지 모르지만 반드시 어딘가에서 누군가가 보고 있다. 행운의 여신은 항상 노력하는 사람에게 미소 짓는다.

> **문습관 check** 운이 좋은 사람은 언제 어떤 일이라도 대충하지 않고 열심히 한다.

있는 것에 감사한다
vs
없는 것에 집착한다

우리는 어렸을 적부터 감사하는 마음의 중요함을 배워왔다. 책이나 각종 강연 등 다양한 곳에서 '감사'의 유용성을 주장한다.

내가 지금까지 봐온 강한 운을 가진 사람은 확실히 일상생활 속에서 '감사'하는 일이 많았다. 왜 감사하면 운이 올라갈까? 답을 이야기하기 전에 다음 사례를 살펴보자.

한 노인이 병으로 오른손을 움직일 수 없게 되었다. 여러 병원에서 치료를 받고 다양한 시도를 했지만, 전혀 효과가 없었다. 오른손을 움직이지 못해 답답한 나날을 보내던 어느 날 고승을 만났다.

"부디 제 손을 움직일 수 있게 치료해주세요."

"당신의 손은 움직이고 있습니다."

"말도 안 됩니다. 여전히 움직이지 않아요."

"움직이고 있습니다. 잘 보세요. 당신의 왼손은 움직이고 있지 않습니까!"

순간 말을 잃고 자신의 왼손을 바라보던 노인의 눈에서 눈물이 흘러내렸다.

"아, 내가 잘못하고 있었어. 움직이지 않는 오른손만 생각하느라 움직이는 손이 있다는 것을 잊어버리고 감사하지 않았어."

노인은 반성하며 왼손을 움직일 수 있는 것에 감사의 마음으로 가득해졌다. 그리고 오른손을 부드럽게 문지르자 움직이는 게 아닌가. 왜 노인의 오른손이 움직이게 되었을까. 거기에는 우주의 커다란 법칙이 작용한다.

지금 없는 것을 원하며 집착하면 초조해져서 우주가 내 편이 되어주지 않는다. 그리고 지금 있는 것에 감사하고 집착이 사라지면 우주가 내 편이 되어준다. '우주'

라는 말을 받아들이기 힘든 사람은 '자연'이라고 바꿔 생각해보자.

노인의 오른손이 움직이기 시작한 것은 자연치유력이 작용했기 때문이다. 노인이 움직이지 않는 오른손에 집착하고 있을 때에는 '왜 자신만 이런 상황을 겪어야만 하는가!'라고 부정적인 감정에 지배되어 있었다.

부정적인 감정으로 책망만 하면 사태는 점점 더 악화된다. 감사할 수 있는 사람과 그렇지 않은 사람의 차이는 '스스로 책임을 질 수 있는 사람인가 아닌 사람인가'에 달려 있다.

감사하는 마음은 일을 긍정적으로 파악하기 때문에 에너지가 되고 역경을 벗어날 활력으로 바뀐다. 감사하는 마음을 가지지 않고 자신에 대해서만 호소하는 사람은 곤란한 상황에 처하면 푸념을 늘어놓는다. 다른 사람 탓을 한다. 그러면 일을 긍정적으로 생각할 수 없게 된다. 주위로부터 응원을 받을 수 없게 되어 눈에 보이지 않는 운이 도망간다.

감사하는 마음이 행운을 가져다주는 이유는 하나 더 있다. 감사하는 마음이 사라지면 겸허함을 잊고 오만해져서 사람들이 멀어진다.

만약 당신이 영업 실적 1위가 되었다고 하자. 1위가 된 이유는 본인이 노력한 것 이외의 무엇도 아니다. 다른 영업 사원의 몇 배를 일하고 궁리하고 노력하여 1위가 되었다. 그런데 아무리 본인의 실력으로 이룬 결과라고 해도 모든 일은 다른 사람의 힘을 빌리지 않으면 목적을 달성할 수 없다. 이때 '감사'의 마음을 잊어버리면 주위 사람들이 도와주지 않게 된다. 아무리 실력이 있어도 주위 사람을 같은 편으로 두지 않으면 계속해서 성공할 수 없다.

감사 뒤에 숨어 있는 것은 자신만의 힘이 아니라고 생각하는 겸허함과 모든 일에서 좋은 점을 찾아내어 기뻐할 수 있는 긍정적인 사고방식이다.

운이 좋은 사람은 눈에 보이지 않는 사람과의 인연에 눈을 돌려 감사할 수 있는 사람이다.

습관 check 운이 좋은 사람은 작은 것에도 감사한다.

자신을 관찰한다
vs
타인을 관찰한다

 자신에 대해서 잘 알고 있다고 생각하는가? 타인을 관찰하기보다 자신을 관찰하는 데 시간을 할애하고 있는가?

 인간은 자신에 대해서 잘 알고 있다고 생각하지만 사실은 잘 알지 못한다. 타인에 대해서는 객관적으로 관찰하고 있기 때문에 '누구누구는 이런 부분이 안 된다', '자신 밖에 모른다'는 등으로 분석할 수 있다. 하지만 정작 중요한 자신에 대해서는 잘 알지 못하는 것이 현실이다.

운을 높이고 싶다면 자신을 알아야 한다. 자신을 안다는 것은 자신의 눈으로 본 자신을 아는 것이 아니다. 다른 사람의 눈에 자신이 어떻게 보이는지를 아는 것이다.

'나는 열심히 노력하고 있는데 전혀 평가해주지 않는다'고 말하는 사람을 종종 본다. 분명 자신이 생각하기에는 열심히 노력하고 있겠지만 다른 사람의 눈에는 그렇게 보이지 않을 수도 있다.

운을 끌어들이는 사람은 자신의 입장을 분별하여 자신의 행동이 다른 사람에게도 좋은 것인가를 생각한다. **자신이 봤을 때 '자신'과 다른 사람이 봤을 때의 '자신'은 다르다.**

예를 들어 당신 Ⓐ가 생각하고 있는 자신과 동료 Ⓑ가 생각하는 자신을 비교해서 보자.

> ① **당신 Ⓐ의 시선으로 본 자신**
>
> 나는 매일 회사를 위해 전철이나 버스가 끊기기 직전까지 야근을 한다. 여러 가지를 희생하면서까지 회사를 생각하고 노력하며 최선을 다해 일하고 있는데도 상사는 높이 평가해주지 않는다. 동료 Ⓑ는 매일 정시에 퇴근하자신의 취미를 마

> 음껏 즐기면서 회사 일은 전혀 생각하지 않는다. 그런데 상사는 동료 ⓑ를 매니저로 먼저 진급시켰다. 상사는 사람을 보는 눈이 없다. 나는 운이 지지리도 없다.

그렇다면 동료 ⓑ는 당신 Ⓐ를 어떻게 보고 있을까. 당신이 밤늦게까지 일하는 것을 좋게 평가하고 있을까.

> ② **동료 ⓑ의 시선으로 본 당신 Ⓐ**
> Ⓐ는 아침이면 겨우 지각을 면할 시각에 출근해 오전 중에는 멍하게 있거나 누군가와 잡담을 나눈다. 일하는 데 시동이 걸리는 때는 오후 3시가 지날 무렵으로 모두가 퇴근한 후인 저녁 8시 무렵이면 갑자기 '바쁘다'는 말을 되풀이한다. 결국 막차 시간까지도 일을 끝내지 못한다. 야근수당만 많이 받아가고 회사에 이득이 되지 않는 사원이다. 그런 점에서 나 ⓑ는 매일 아침 제일 먼저 회사에 출근하여 근무 시작 시간 전에 전날까지 끝내지 못한 일을 정리하고 근무 시간동안 열심히 일한 후 정시에 일을 끝낸다. 퇴근 후에는 자기계발을 위해 다양한 세미나에 참가하거나 영어회화 학원에 다니고 있다. 상당히 우수한 인간이다. 그러므로 Ⓐ보다도 먼저 매니저가 되는 것은 당연하다.

이해하기 쉽게 극단적으로 써보았지만 비슷한 일은 일상에서도 자주 일어난다. 당신은 자신의 시선으로 본 자신은 잘 알고 있을지 모르지만, 정말 알아둬야 하는 것은 주위에서 본 자신의 모습이다.

만약 당신이 생각하는 것보다도 다른 사람이 본 평가가 낮을 경우에는 받아들이지 못하고 부당하다고 생각할지도 모른다. 그런 당신이 할 수 있는 것은 무엇일까? 그것은 자신을 객관적으로 관찰하는 일이다. 당신을 높이 평가하지 않는 상사나 동료에 대해서 비판하면 할수록 운이 떨어진다.

운이 좋은 사람은 자신을 객관적으로 관찰하여 잘못된 부분을 고친다. 운이 나쁜 사람은 다른 사람의 결점을 찾아 비판한다. 다른 사람을 관찰할 때는 좋은 부분을 관찰하여 배우도록 하자. 그러면 자연스럽게 운은 상승한다.

> **운습관 check** 운이 좋은 사람은 객관적인 시점에서 자신을 본다.

프라이드를 버린다
vs
프라이드를 지킨다

프라이드란 무엇일까? 여러 가지 해석이 있겠지만 나는 자신을 신뢰하며 살아가기 위해 필요한 중요한 부분이라고 생각한다. 자신을 신뢰할 수 있으면 자신의 인생을 당당하게 살아갈 수 있다.

다음과 같은 것은 프라이드가 아니다.

> - 먼저 사과하면 될 것을 사과하지 않는다.
> - 세미나를 개최하고 싶지만 사람이 많이 모이지 않으면 부끄럽다고 생각한다.

- 좋아하는 이성에게 고백하고 싶지만 거절당하는 것이 두렵다.

 많은 사람이 프라이드라고 착각하는 것이 '허영심'이다. 진짜 프라이드는 그렇게 작은 것이 아니라 마음 깊은 곳에 들어 있는 자신의 요소가 되는 중심이다. 누군가에게 머리를 숙이거나 상대를 세워주는 정도로 그 깊은 곳에 있는 자존심은 꺾이지 않는다.

 책을 읽고 노력하고 성실한 나날을 열심히 살아가면서 키우는 프라이드는 훨씬 더 강하다. 겉으로 드러나는 허영심을 프라이드라고 착각해서는 안 된다. 진짜 프라이드는 자신이 자신답게 살아갈 때 크고 단단해진다. 진짜 프라이드를 높이기 위해서 매일 노력을 게을리 하지 않는 사람은 운이 올라간다.

 하지만 세상에는 노력을 멈추고 강한 허영심으로 다른 사람을 끌어내리는데 많은 에너지를 사용하는 사람도 있다. 또한 자신을 크게 보여주기 위해 다른 사람을 과소평가하는 사람도 있다.

 그러나 다른 사람의 발목을 잡는 행위는 운을 크게

떨어트린다. 상대를 비판하거나 뒤에서 험담을 하는 일, 필요할 때 협력하지 않거나 정당한 평가를 하지 않는 일 등은 운을 떨어트리는 대표적인 일이다. 개인적인 사정이나 일시적인 감정으로 상대에게 손해가 되는 일을 해서는 안 된다. 이런 일을 하면 반드시 운은 떨어진다.

원래는 분명 우수한 능력을 발휘할 법한 인물이 다른 사람을 깎아 내리려는 것은 무척 안타까운 일이다. 나도 상사에게 반항하며 상사의 잘못된 부분을 지적한 결과 좌천되었다.

예전에 세미나에서 공동 강연했던 라쿠고카 다테카와 고하루에게 들은 이야기가 있다. 견습생 시절에는 '얼마나 자신의 허영심을 버릴 수 있는 지가 승부다'라고 했다.

라쿠고카 견습생은 사람대우를 받지 못한다. 이 굴욕을 견디기 위해서는 허영심을 완전히 버려야 한다. 라쿠고카는 견습 수행을 하며 명인이라고 불리는 만담가가 되기 위해서 허영심을 버리는 과정을 겪는다.

인간에게 허영심은 때로는 필요할지도 모르지만, 그

것을 버리면 얻는 것이 많다.

앞에서 이야기한 혼다 소이치로 같은 사람이 진짜 허영심을 버릴 수 있었던 사람이다. 물론 그는 운도 상당히 높은 사람이었다. 지금 바로 과감하게 이상한 허영심을 버려보자. 그러면 운이 올라갈 것이다.

> 운습관 check | 운이 좋은 사람은 다른 사람을 끌어내리고 떨어트리는 행동은 하지 않는다.

빈틈없이 청소한다
vs
정리와 청소를 못한다

화장실 청소를 하면 금전운이 좋아진다는 이야기를 듣는다. 과연 사실일까?

부정은 할 수 없지만 나도 왜 화장실 청소와 돈이 연동하는지는 몰랐다.

내가 금융 관련 회사에서 대출을 담당했을 때 대출을 결정하는 참고 사항 중 하나로 집의 정리정돈 상태가 들어가 있었다. 우선 방문했을 때 현관의 모습을 본다. 신발이 흩어져 있는 집, 잡동사니로 가득한 집이 있다. 현관이 난잡한 가정은 집 안에 들어가도 마찬가지다. 정리정돈이 꼼꼼하게 되어 있지 않고 방에는 여러 가지 물건이 여기저기 넘친다. 그런 사람은 서류에 도장을 찍을 때도 어느 것이 어느 통장의 도장인지 모르는 경우도 있다.

경험 상 연체하거나 변제불능에 빠지는 사람 중에는 이런 유형이 많았다. 결정을 내리는 직접적인 요소는 아니지만 무언가 판단을 앞두고 있을 때 이런 것을 참고하여 판단했던 일도 전혀 없지는 않다. 화장실 청소와 금전운의 관계는 알 수 없지만, 정리정돈이 행운을 가지고 오는 이유는 알 수 있다.

상장 기업의 모 지방지점은 늘 실적 미달에 여러 가지 문제가 많은 점포였다. 회사의 임원들은 지역 특성이라 어쩔 수 없다고 반쯤 포기하고 있었다. 어느 날 그 지점에 나중에 임원까지 된 우수한 35세의 젊은 사람이 지점장이 되었다.

지금까지 지점장 경험이 없었던 그는 지점장이 되자마자 창고에 잠들어 있는 사용하지 않는 서류를 전부 폐기하고 사무실 안을 철저하게 청소했다. 그러자 신기하게도 자주 발생하던 트러블이 점점 줄어들었다. 그리고 점포의 매출은 올라가 성적 상위 점포로 변신했다.

사무실이 정리정돈이 되어 있지 않고 사용하지 않거나 필요 없는 물건으로 가득하면 서류 관리도 엉망이 된다. 그러면 서류를 찾는데 시간이 걸리고 분실하는 원인이 되기도 한다. 부정적인 작업에 시간을 잡아먹히면 모티베이션도 올라가지 않고 영업 실적에도 악영향을 끼친다.

이렇듯 **운이 좋은 사람의 집이나 사무실은 깨끗하게 정리정돈 되어 있다.** 방 안을 깨끗하게 하기 위해 실제로 내가 실행했던 방법을 이야기해본다. 청소를 꾸준히 하는 방법은 다음과 같다.

> **① 트리거를 정한다(청소를 할 계기)**
> 어떤 상태일 때 청소를 할지 정한다. 나는 사무소에 도착하자마자 청소부터 하기로 정해뒀다.
>
> **② 습관화한다(계속할 수 있는 규모로 정한다)**
> 나는 부담이 되지 않도록 '하루 21분'으로 정하여 습관화할 수 있었다. 스마트폰으로 타이머를 설정하여 21분이 지나 알람이 울리면 하던 중이라도 그만둔다. 처음 벽이 높으면 도중에 좌절하기 때문에 하루 5분이나 10분처럼 부담 없이 실행할 수 있도록 설정하자.

> ③ **피드백 한다**
> 잘 한 날은 달력에 동그라미를 그려 두뇌에 자신이 노력한 것을 피드백 한다. 그러면 뇌에는 '작은 두근거리는 감각'이 생긴다.

 이 방법을 실천하여 처음 3일 동안은 어디를 청소했는지 모를 정도의 상태였지만, 일주일쯤 지나자 점점 깨끗해졌다. 열흘이 지났을 때는 사무실이 반짝반짝해지고 그 후로도 욕심이 생겨 지금까지도 계속하고 있다.

 청소를 할 장소가 사라져 지금은 화장실 바닥과 세면대, 배수관 그리고 거울을 반짝거리게 닦는다. 청소할 장소를 찾는 즐거움도 늘어났다. 깨끗하게 정리된 반짝거리는 사무실에서는 기분 좋게 일을 할 수 있다. 행운을 얻기 위해서 꼭 한 번 시도해보길 바란다.

습관 check : 운이 좋은 사람은 정리정돈을 잘한다.

선인의 지혜를 배운다
vs
자신의 경험에 의지한다

여러분은 공부를 좋아하는가? 싫어하는가?

세상에는 공부를 싫어하는 사람이 더 많을 것이다. 아마도 대부분은 학교를 졸업하면 공부를 하지 않을 것이다. 나도 학교를 졸업하고 일을 시작하자마자 공부에서 손을 놓았다. 일이 끝나면 상사나 선배들과 술을 마시며 교류를 했다. 휴일은 평소의 피로를 풀기 위해 휴식을 취했고 공부는 전혀 하지 않았다. 동료나 선배도 마찬가지였다. 지금 생각해보면 무척 아까운 시간을 보냈다는 생각이 든다.

학창시절의 공부는 암기가 중심으로 오로지 숫자나 문장을 외우는 작업이다. 이런 공부는 분명 재미없을지도 모른다. 하지만 사회인이 된 후에 하는 공부는 새로운 사고방식이나 철학자들의 삶의 방식을 배우거나 자신의 인생과 비즈니스에 참고가 될 공부를 할 수 있다.

그 중에서도 언제 어디서라도 배울 수 있는 독서는 돈도 적게 들고 효율적으로 공부할 수 있는 최적의 방법이다.

독일 학자 프레드릭 오스트발트Friedrich Ostwald는 오래전에 '위인이나 성공한 사람들의 공통점이란 무엇인가'를 조사한 결과 두 가지 공통점을 발견했다.

> ① 긍정적 사고 ② 독서가

긍정적 사고에 대해서는 다른 항목에서도 설명했기 때문에 생략하겠다. 성공한 사람의 공통점인 독서는 대체 우리에게 무엇을 알려줄까?

책의 이점은 수없이 많다. 책을 읽으면 지혜, 정보, 통찰력을 얻을 수 있다. 또한 지성을 높일 수도 있다. 옛날 현인의 경험을 책을 통해 몇 시간 만에 자신의 것으로 만들 수 있다. 이렇게 고마운 일도 또 없다.

'책 같은 것에 의지하지 않고 자신의 경험만으로 성공할 것이다'라고 말하는 사람도 있을지도 모르지만, 인간이 일생 동안에 경험할 수 있는 것은 극히 일부이다. 문화문명은 전부 과거의 지식을 새로 쓴 것이다. 과학도 철학도 예외는 아니다.

'책을 읽을 시간이 없다'는 이야기를 자주 듣는데, '텔레비전을 볼 시간이 없다'는 말은 별로 듣지 못했다. 책과 텔레비전의 결정적인 차이는 책은 능동적이고 텔레비전은 수동적이라는 점이다. 텔레비전은 아무것도 생각하지 않아도 정보를 제공해주지만, 책을 읽는 행위는 읽는 사람이 능동적으로 행동하지 않으면 안 된다.

'읽다', '생각하다', '정리하다'는 행위에 의해 사고 능력이 높아진다. **또한 좋은 책을 만나면 인생관이 변한다.** 그러므로 시간을 만들어서라도 최대한 책을 읽을 것을 추천한다.

독서의 이점은 다음 세 가지다.

> ① 교양이 생긴다.
> ② 사고가 깊어진다.
> ③ 인간력이 높아진다.

 이 책에 몇 번이나 등장한 SBI 홀딩스의 기타오 사장은 60세를 넘은 지금도 매일 아침 4시에 일어나 두 시간을 책을 읽으며 보내고 있다. 곤란한 상황에 처했을 때 독서에서 배운 옛날 현인들의 삶의 방식을 참고하여 판단한다. 기타오 사장은 운을 높이는 결단력, 행동력, 직관력을 독서에서 얻었다고 한다.

 앞에서도 이야기했지만, 인간이 평생 경험할 수 있는 일에는 한계가 있다. 인간의 수명은 길어야 100년 정도다. 하지만 책에는 몇천 년 전 현인의 생각이나 경험이 담겨 있다.

 우리가 평소에 고민하던 일이나 모르는 것은 반드시 과거의 누군가가 똑같은 문제를 안고 있었다. 그런 문제의 해결 방법이나 결과가 책에는 적혀 있다.

> **습관 check** 운이 좋은 사람은 책을 많이 읽는다.

제 4 장

운이 찾아오는 커뮤니케이션

행운은 매일 찾아온다.
그러나 그것을 맞이할 준비가 되어 있지 않으면 거의 다 놓치고 만다.
이번 달에는 이 행운을 놓치지 말라. — 카네기

운이 좋은 사람과 지낸다
vs
운이 나쁜 사람끼리 모인다

 평소에 어떤 사람들과 가깝게 지내는지 떠올려보자. 그 사람은 '운을 끌어들이는 사람'인가? 아니면 '운에게 버림받은 사람'인가?

 운을 끌어들이는 사람은 항상 긍정적인 발상을 한다. 다른 말로 바꿔 말하면 하나의 일에 대해 어떻게 하면 그 일이 잘 풀릴지를 생각한다.

 운에게 버림받는 사람은 똑같이 잘 되지 않은 일에 대해서 환경이나 다른 사람 탓을 한다. 불평이나 다른 사람에 대한 험담을 쉽게 한다.

운을 올리기 위해서는 행운 체질이 되어야 한다. 행운 체질이 되기 위해서는 **이미 행운이 깃든 '사람', '물건', '장소'를 가까이 하는 것이 가장 좋은 방법이다. 운이 좋은 사람의 습관을 접하는 것이 가장 효과가 있다.**

비즈니스의 세계에서도, 스포츠 세계에서도, 일류인 사람은 일류인 사람과 교류한다. 반대로 출세를 못하는 사람은 역시 비슷한 사람과 식사를 하러 가거나 함께 술을 마시거나 한다.

인간성의 좋고 나쁨에 대한 이야기가 아니다. 일류가 되고 싶다면 일류인 사람 곁에 다가가 일류의 사고방식을 익혀야 한다는 뜻이다.

나는 전국 약 2천 명의 영업 사원 중 최하위에서 6개월 만에 전국 톱이 되었다고 앞에서 이야기했다. 딱히 자랑을 하고 싶은 것이 아니라 사고방식과 행동을 아주 조금 바꾸는 것만으로 상위 영업 사원이 될 수 있다는 것을 알아주었으면 한다.

당시 나는 닛폰신판 주신회사(현 미쓰비시 UFJ 니코스)에 근무하고 있었다. 버블 절정기 무렵인 1989년에 오사카 히라카타 지점에서 당시 매출 전국 1위인 도

쿄 신주쿠니시구치 지점으로 이동했다. 그런데 도쿄의 영업 정예부대 사이에서 나는 실력을 맞겨루지 못하고 전국 최하위의 불명예스러운 기록을 남겼다.

그럴 때 한 사람으로부터 "행복해지고 싶으면 행복한 사람 곁에 가라. 영업 실적을 올리고 싶으면 상위 영업 사원 곁에 가라"는 말을 들었다.

전국 최하위였을 때 함께 했던 술친구는 모두 영업 실적이 저조했다. 그런 자리에서 나누는 이야기는 한결같이 상사, 동료, 회사에 대한 험담이거나 과거의 영광을 자랑하는 이야기였다.

조언에 따라 영업 실적 상위인 사람들과 교류하기 시작하면서 대화 내용이 전혀 다르다는 사실에 깜짝 놀랐다.

실적 상위인 사람들은 술자리에서 험담이나 부정적인 사고의 발언을 하지 않았기 때문이다. 실적이 하위인 사람들이 결함 상품이라고 툴툴거리던 같은 상품을 실적이 상위인 사람들은 매력적이라고 말했다. 어느 가게에 제안하면 잘 팔릴지에 대해 의견을 나눴다.

다른 사람의 험담이나 자기 자랑을 하고 있으면 아이

디어는 나오지 않는다. 자신의 저조한 실적을 주변 탓으로 돌리기 때문이다. 반면 실적이 좋은 사람들은 끊임없이 아이디어를 내놓는다. 모든 것을 긍정적으로 생각하기 때문이다.

실적이 상위인 사람들과 만나면서 떠오른 아이디어를 실천하자 실적이 급상승했다. 전국 1위는 놀라운 결과였다. 행동을 바꾸지 않고 예전 그대로 실적이 하위인 사람들과 함께 했다면 실적 미달의 세계에서 빠져나오지 못했을 것이다.

행운 체질이 되고 싶다면 운이 좋은 사람과 가까이 지내자. 운이 좋은 사람이 어떤 장소에 가고 어떤 말을 하는지 관찰하라. 분명 다른 세계가 보일 것이다.

처음에는 가까이 다가가기 힘들 지도 모르지만 기회를 찾아서 이야기를 들어보자. '행운'은 전염된다.

운습관 check	운이 좋은 사람은 운이 좋은 사람으로부터 행운을 나눠 받는다.

준 것을 잊어버린다
vs
받은 것을 잊어버린다

 인간은 자신이 다른 사람에게 준 것은 잘 기억한다.
 반대로 다른 사람에게 받은 것은 쉽게 잊어버린다. 하지만 다른 사람에게 해준 것을 잊는 편이 운이 올라간다. **다른 사람으로부터 도움을 받았다면 감사하고 언제까지나 기억하고, 기회가 있을 때 돌려주면 좋은 운이 순환한다.**
 A씨는 화가 나 있었다. 이유를 물어보자 고등학생 조카 B에게 용돈을 500엔 주었는데 감사의 전화도 문자도 없다는 것이었다. B의 아버지가 딸에게 사실을 물어

보며 주의를 줬다. 그러자 B는 인사를 잊은 것은 자신이 잘못했다고 인정했다. 하지만 다음에 나온 말이 놀라웠다.

"겨우 500엔 정도로 감사 인사를 하지 않는다고 화를 내는 숙모도 어른답지 않아. 더 이상 용돈 같은 건 필요 없다고 전해주세요."

이 이야기는 무엇을 의미할까. A씨는 조카에게 용돈을 줬다. 어디까지나 선의의 행동이다. 하지만 그 보답으로 감사를 요구했다. 베푼 것을 기억하고 감사 인사를 하지 않은 것에 화를 냈다. 애써 베푼 선의가 아무런 소용이 없어졌다.

이런 일은 일상에서 자주 일어난다. 다른 사람에게 해준 것을 자랑하는 행위도 마찬가지다. 감사 인사를 강요하지 말고 자신이 하고 싶어서 한 일이라고 생각해보면 어떨까. 감사하는 마음은 자연스럽게 우러나는 것이다. 강요해서 얻은 감사의 말은 가짜일 뿐이다.

시인이자 서예가인 아이다 미쓰오씨의 말 중에 이런 명언이 있다.

> 당신에게 해주었는데
> '는데'가 붙으면 불만이 생긴다.

당신이 다른 사람에게 무언가를 해줄 때 감사를 기대하지 말고 베푼 것으로 행위를 완결시키자.

상대의 행동은 자신의 힘으로 컨트롤 할 수 없다. 컨트롤 할 수 없는 일에 화를 내는 것은 아무 소용이 없는 안타까운 일이다. 다른 사람에게 받은 것은 잊어버리지 말고 답례하자.

연예인이 인기를 얻은 후에도 무명 시절에 신세를 졌던 가게를 특별하게 생각하며 계속 다니는 이야기를 들으면 마음이 따듯해지고 흐뭇해진다.

은행에 근무하는 B씨는 신세를 졌던 고객을 소중하게 생각한다. 신세를 졌던 이발소에 전근 후에도 1시간 이상 걸리는 거리를 계속해서 다니고 있다. 명절이나 연말에도 반드시 항상 주문하는 거래처에서 선물을 준비한다. 인터넷으로 비교해보면 더 저렴한 곳도 있을 텐데도 말이다. 이렇게 **신세를 졌던 사람에 대한 감사의 마음을 잊지 않는 사람에게 운은 찾아온다.**

반대로 성공하면 예전에 신세를 졌던 일은 모두 잊는 사람도 있다. 지방에서 상경한 A씨는 사투리가 심하고 영업 실적이 좀처럼 오르지 않았다. 그런 그를 동료나 선배가 열심히 응원한 덕분에 A씨는 점점 영업 실적 상위로 올라가게 되었다.

그런데 실적 상위가 되자 이전에 응원해주던 동료를 깔보기 시작했다. 지방 출신 신입사원을 괴롭히기도 했다. 그 때 부하의 사칙 위반이 발각되어 A씨는 지방으로 좌천되었다.

직접 A씨가 문제를 일으킨 것은 아니지만 사내에서 어느 누구도 A씨를 옹호하는 사람이 없었다. A씨는 자신이 받은 은혜를 잊어버려 운이 다한 것이다.

성공하는 사람은 인연과 은혜를 소중히 여긴다.

운습관 check 운이 좋은 사람은 감사의 마음을 잊지 않는다.

항상 누군가가 보고 있다고 생각한다
vs
다른 사람의 시선을 눈치 채지 못한다

평소에 다른 사람과 커뮤니케이션을 잘 하는 편인가?

어떤 사람은 상사나 동료와의 관계가 완벽하지는 않더라도 적절한 때에 아첨을 하고 친절하게 대하고 있다고 스스로 생각할지도 모른다.

하지만 이런 사람들은 자신에게 영향력이 있는 사람들에게만 커뮤니케이션을 잘 하고 있을 뿐이다. 사람은 커뮤니케이션을 잘 하고 싶은 상대를 의식적으로 또는 무의식적으로 자신에게 이익이 되는 사람에 한정한다. 그리고 많은 사람이 자신에게 이득이 없는 상대에게는 무관심해진다. 심지어 아무렇지 않게 건방진 태도를 취하기 쉽다.

사실은 그 **무관심한 상대와의 커뮤니케이션이 중요하다.** 어떤 회사의 세미나에서 참가자 접수를 담당한 여성이 있었다. 수수한 외모였기에 아무에게도 주의를 끌지 못했다. 하지만 사실 그 여성은 세미나 주최자인 사장의 가장 가까운 부하였다. 이 여성은 접수를 하면서 사람들이 돈을 두 손으로 공손히 내미는지, 서류를 받을 때에 정중하게 받는지 고개를 숙여 인사하는지를 관찰하여 보고했다.

누구에게나 정중하게 대응하는 사람은 상대가 누가되었든 똑같이 대한다.

하지만 평소에 이해관계가 없다고 머리를 숙이지 않는 사람은 가벼운 인사도 하지 않고 서류를 한 손으로 빼앗듯이 받아갔다.

당신이 보지 못하는 곳에서도 누군가가 당신의 말과 행동을 보고 평가하고 있다. 당신이 소중하게 대하지 않은 누군가가 다른 사람에게 그 이야기를 하면 그것을 들은 사람이 또 다른 사람에게 이야기를 확산시키는 것이 눈에 보이지 않는 네트워크의 힘이다. 그러므로 당신에게 중요하지 않은 상대라 하더라도 함부로 대해서는 안 된다.

눈에 보이지 않는 네트워크의 힘은 방대하다. 미국 전 대통령 빌 클린턴Bill Clinton은 백악관에서 일하는 3천 명의 이름과 백그라운드를 기억했다고 한다. 제너럴 일렉트릭GE의 잭 웰치Jack Welch도 CEO 재임 중에 3천 명 사원의 이름을 전부 기억했다고 한다.

M씨는 스스로 이름을 외우는 것이 특기라고 호언하고 있는데도 어째서인지 평판이 좋지 않다. 그의 파티에 참가했던 사람은 몇 번이나 만났는데도 이름과 얼굴을 외우지 못한다는 말을 했다.

M씨는 분명 이름을 외우는 천재였다. 다만 자신에게 이득이 되는 사람, 돈과 권력이 있는 사람의 이름은 금세 외웠지만, 그렇지 않은 사람의 이름은 처음부터 외울 생각이 없었다.

이렇게 겉과 속이 다른 행동은 눈에 보이지 않는 네트워크를 통해 순식간에 확산된다. 이름을 기억해주지 않아 자기 중요감이 떨어진 사람이 이곳저곳에서 소문을 퍼트려 평판은 나빠진다. 사람의 네트워크는 놀라울 정도로 연결되어 있다.

6단계 분리 이론이라는 것이 있다. 6명만 거치면 전 세계 누구와도 이어진다는 이론이다. 어떤 사람에게도 그 사람의 뒤에는 친밀한 관계에 있는 사람이 6명에서 20명 숨어있다. 그리고 그들 뒤에도 또 그만큼 친밀한 관계인 사람들이 있다.

'바람이 불면 통장수가 돈을 번다'*는 일본 속담이 있듯이 누가 어디에 이어져 있을지는 모르는 일이다.

커뮤니케이션 무대 구성의 대부분은 당신이 볼 수 없는 세계다. 당신이 취한 행동은 대부분의 사람이 알고 있다. 모르는 것은 당신뿐이라고 생각해도 좋을 정도다.

왜냐하면 당신에게 중요한 사람도 당신에게 중요하지 않은 사람도 똑같이 당신에 대한 평가를 하고 있기 때문이다. 그것이 보이지 않는 커뮤니케이션의 힘이다.

---

* 무슨 일이 일어나면 돌고 돌아 뜻하지 않은 데에 영향이 미침을 비유하는 속담이다. 바람이 일으키는 모래 먼지로 장님이 늘어나고, 그러면 장님이 돈벌이를 위해 많이 사용하는 악기 샤미센 재료인 고양이 가죽의 수요가 늘어 고양이가 줄어든다. 고양이가 줄어들면 쥐가 늘어나 나무통을 갉으니, 통이 잘 팔려 통장수가 돈을 번다는 말이다.

운이 좋은 사람은 눈에 보이지 않는 네트워크의 중요성을 인식하고 있다. 눈에 보이지 않는 네트워크를 가볍게 보면 운이 점점 멀어진다.

> **운습관 check** 운이 좋은 사람은 상대가 누군지에 따라서 태도를 바꾸지 않는다.

상대의 우월감을 끌어낸다
VS
자신이 우월감에 빠져있다

운이 좋은 사람은 잘 웃는다는 특징이 있다.

'웃음'과 '행운'이 직접적으로 연결되어 있지 않은 것처럼 생각될지 모르지만 상당한 관계가 있다. 웃음이 행운을 가져다주는 이유는 두 가지다.

첫 번째 이유는 '웃음'은 상대에게 호의를 표하기 때문이다. 행운은 사람과의 인연으로 생긴다. 좋은 인연을 만나기 위해서는 적대심보다는 호의를 드러내는 편이 좋다는 것에 반대할 사람은 아무도 없을 것이다.

인간의 본질은 적대가 아니라 우호다. 다른 사람과 사

이좋게 지내고 싶은 본능이 인간의 DNA 안에 들어 있다. 사람을 만날 때 웃음으로 대하면 상대는 큰 기쁨을 느낀다. 왜냐하면 웃음은 '당신을 존경합니다'라는 표현이기 때문이다.

웃으며 지내는 것은 인간의 본능을 거스르지 않는 삶의 방식이다. 본능과 자연을 거스르지 않는 자세는 운을 높이는 기본이다.

두 번째 이유는 '웃음'이 상대에게 우월감을 주는 행위이기 때문이다. 개그나 라쿠고를 볼 때 어수룩한 이야기에 웃음이 터지는 것은 자신은 그런 바보 같은 일은 저지르지 않는다고 생각하고 안심하기 때문이다.

심리학에서는 웃음의 80퍼센트는 우월감을 드러내는 웃음이라고 한다. 상대가 우월감을 느끼는 웃음을 유발하기 위해서는 실패담을 이야기하는 방법이 효과적이다. 프레젠테이션이 서투른 부하에게 자신의 실패담을 이야기한다.

"자네 프레젠테이션은 그래도 괜찮은 편이야. 내가 젊었을 때는 말하는 것이 서투른데다가 울렁증이 심해서 내가 대체 무슨 말을 하고 있는지 자신조차 모를 정도였어. 얼마나 형편없었는지 가장 앞자리에 앉아 있던 거래처 부장님이 보다 못해 대신 설명하기 시작할 정도였다니까. 그랬는데 그 날 예약 주문이 몰려들었지 뭔가(웃음). 그 다음부터 프레젠테이션은 제일 앞에 앉은 사람이 대신 해주게 되었지.(웃음)"

이는 상대에게 우월감을 주는 웃음이다. 부하가 젊었을 무렵의 부장보다도 그나마 자신이 낫다고 생각하여 우월감이 높아진다. 이 이야기를 하면 부하가 얕보고 사기가 떨어지지 않을까 걱정하는 사람도 있지만 그런 걱정은 필요 없다. 이렇게 자신을 낮출 수 있는 상사에게 부하는 신뢰도가 높아진다.

웃음을 주는 사람은 어디에서도 인기가 있다. 주위를 한번 살펴보자. 유머가 뛰어난 사람은 상대에게 우월감을 주는 이야기를 하지 않는가? 자신의 실패담 또는 상사나 아내에게 혼난 이야기를 재미있게 이야기하는 사람이 상대의 우월감을 높여줄 수 있는 매력적인 사람이다. 상대의 우월감을 높이는 웃음은 첫 번째의 '호의를 표하는 웃음'을 높이는 효과도 있다.

게다가 좋은 정보, 좋은 인맥은 자신이 호의를 가지고

있는 사람에게 소개한다. 즉 웃음을 주는 사람은 자동적으로 상대로부터 호의를 끌어내어 좋은 인맥과 정보를 손에 넣어 운이 올라가는 구조를 만든다. 이 반대의 행위를 하는 사람이 바로 자기 자랑이나 성공담을 늘어놓는 사람이다.

앞에서 예로 이야기한 프레젠테이션이 서투른 부하에게 이렇게 말한다면 어떠한가.

"나는 젊었을 때부터 프레젠테이션이 특기라 내가 프레젠테이션을 하면 그 날 예약 주문이 밀려 들었다네."

이런 식으로 이야기를 했다가는 다른 사람들이 싫어할 뿐만 아니라 멀어질 것이다.

운이 점점 떨어지는 것도 모르고 거리낌 없이 자기 자랑을 계속하는 사람이 혹시 주위에 있지 않은가?

부디 '자만'으로 운을 떨어트리지 말고 '웃음'의 효과를 이해해서 운을 올리자.

> **문습관 check** 운이 좋은 사람은 자신의 실패를 재미있게 이야기한다.

적을 줄인다
VS
자기편을 만든다

모든 사람에게 사랑 받는 사람은 드물다. 반대로 모든 사람에게 미움 받는 사람도 드물다. 우리가 많은 사람들과 소통하다보면 아무래도 호의적인 사람도 있지만 적도 생기기 마련이다.

그런데도 모든 사람에게 사랑받으려는 사람은 안타깝지만 운을 끌어들이지 못한다. '다른 사람이 나를 좋게 봐줬으면 좋겠다'는 생각에 무리하기 때문이다. 무리를 하면 몸이 과하게 긴장한다. 운은 긴장 상태에서는 도망가고 이완되어 있을 때 다가온다.

무리해서 내 편을 늘리려고 신경을 갉아먹을 필요는 없다. 아무리 노력해도 일정 수는 당신을 좋게 생각해주지 않기 때문이다. 인간은 제각각 성격도 입장도 사고방식도 다르다. 모든 사람이 같은 편이 되는 것은 몽상이다.

같은 편의 행동은 비교적 알기 쉽다. 대부분 같은 편은 이해 범위 내에서 협력하고 응원해준다. 하지만 이해관계를 넘어서 응원해주는 사람은 거의 없다.

이런 이야기를 하면 쓸쓸하지만 사실이다. 당신과 만날 이점이 있는 범위 내에서만 협력해준다. 이렇게 생각하고 받아들일 수 있다면 자신을 희생하면서까지 다른 사람에게 사랑받기 위한 행동을 하지 않아도 된다.

물론 이해를 넘어 당신을 응원해주는 친구도 있을 것이다. 이런 친구가 많으면 더 없이 좋다. 이해관계를 넘어서 응원해주는 친구는 당신의 운을 올려준다.

같은 편을 만드는 것보다 더 주의를 기울여야 할 부분은 '적을 만들지 않는 것'이다. 일반적으로 같은 편은 이해의 범위에서 응원이나 협력을 해주지만 적은 이해를 넘어서 공격한다.

자신에게 득이 되지 않더라도 극단적으로는 목숨을 걸어서라도 상대의 발목을 잡으려고 한다. 여기서 말하는 적을 만들지 말라는 것은 '적을 만들지 않도록 조심하라'는 것이 아니다.

일상의 업무에서 부하를 엄격하게 꾸짖거나 부서 사이의 알력은 어쩔 수 없다. 어쩔 수 없이 적이 되는 일도 있다. 내가 말하고 싶은 것은 '굳이 적을 만드는 행동을 하지 말라는 것'이다.

35년 동안 직장 생활을 하면서 자신을 포함해 사람들이 쓸데없이 적을 만드는 행동을 얼마나 많이 하는지를 깨달았다. 쓸데없이 적을 만들면 운이 크게 쇠퇴한다. 서류 문제를 지적할 때도 잘못된 부분만 지적하면 될 것을 감정까지 섞는 경우가 있다.

"이 서류의 견적 금액이 잘못되었어요. 다음부터는 주의하세요."

이렇게 사실만을 지적하면 상관없다.

"이 서류의 견적 금액이 잘못되었어. 어째 무슨 일을 시켜도 야무지지 못해. 대체 가정교육을 어떻게 받은 건지 모르겠네."

이런 식으로 사실을 넘어 감정적으로 이야기하면 상대는 원망하는 마음이 생긴다. 이 원망이 축적되면 언젠가 되갚아주겠다는 에너지로 변할 가능성이 있다.

물론 대부분은 별일 없이 지나가지만 이런 원망이 폭발했을 때에는 상당한 충격을 받는다. 모두에게 아첨하며 주뼛거릴 필요는 없지만 쓸데없이 적을 만드는 행동은 자제하자. 나는 쓸데없이 적을 만들어 인생이 크게 틀어진 사람을 여러 명 알고 있다.

> **운습관 check** 운이 좋은 사람은 다른 사람이 질투할 만한 행동은 하지 않는다.

좋아하는 상대와 만난다
vs
싫어하는 상대와 만난다

자신의 교우관계를 떠올려보자. 그 중에서 의견이 맞지 않는 사람이나 함께 있으면 에너지가 빨려나갈 것 같은 사람은 없는가?

"모두와 사이좋게 지내세요!"라는 말을 어렸을 적에 부모님이나 학교 선생님에게 들은 기억이 있을 것이다. 분명 모두와 사이좋게 지내는 것은 훌륭한 일이지만, 운에서는 좋은 방법이 아니다.

참으면서 사람을 만나면 운이 도망간다. 그러므로 성공한 사람이라고 불리는 사람은 예외 없이 만날 사람을 엄선한다. 이런 이야기를 하면 냉정한 인간이라고 생각할지도 모른다. 하지만 **자신의 감정을 억누르면서까지 다른 사람에게 맞추려고 하면 운을 빼앗긴다.**

다른 사람에게 미움 받고 싶지 않는 것은 모든 사람의 공통된 심리다. 하지만 세상에는 모두에게 사랑받는 사람은 존재하지 않는다.

나도 30년 이상 직장 생활을 해오면서 모든 사람으로부터 사랑받는 것은 불가능하다는 사실을 깨달았다. 아무리 노력하고 성의를 가지고 대해도 나를 싫어하는 사람은 많았다.

S씨에게는 취직 주선을 해주고 입사 후에도 응원했는데 다른 사람으로부터 S씨가 나를 싫어한다는 이야기를 듣고 충격을 받은 일이 있었다. '요코야마씨는 친절하게 대해주는 것 같지만 속은 전혀 다른 사람이다'라는 말을 퍼뜨리고 다녔다고 한다.

곰곰이 생각해보면 모든 사람에게 호감을 얻는 것은 몽상이다. 우리가 컨트롤 할 수 있는 것은 자신뿐이다. 다른 사람의 감정은 컨트롤 할 수 없다.

컨트롤 할 수 없는 것에 에너지를 사용하면 소중하고

좋은 에너지가 빠져나가 운이 떨어진다.

나도 '모든 사람에게 사랑받는 일은 불가능하다'는 사실을 받아들인 후에 다른 사람의 감정을 신경 쓰지 않게 되었다.

똑같은 말을 해도 사람에 따라서 받아들이는 방식은 다르다. 내가 부하에게 '힘내'라고 말했다고 하자. 이 말을 응원해준다고 느끼는 사람이 있는가 하면 자신의 실적이 나쁘기 때문에 질타한다고 생각하는 사람도 있다.

인간은 완벽을 손에서 놓으면 운이 상승한다. 모든 사람에게 사랑받으려는 완벽을 추구하는 것은 자신을 괴롭게만 할 뿐 실현할 수 없다.

'모두와 친구가 되려는 사람은 누구의 친구도 아니다.'

이것은 독일 식물학자이자 작가인 빌헬름 페퍼Wilhelm Pfeffer의 말인데 나는 이 말이 진리라고 생각한다.

나도 거절하는 것이 서툴러서 내키지 않는 상대와 식사를 하거나 파티에 참가하여 시간을 낭비했던 적이 무척 많다. '그 시간에 집에서 책이라도 읽었더라면……' 이런 후회를 반복했다.

한번은 그다지 내키지 않는 식사 자리를 거절하지 못

하고 함께 한 적이 있다. 상대가 끝없이 자신의 이야기만 늘어놓아 입을 다물고 있자 이야기를 진지하게 듣지 않는다고 생트집을 잡기에 너무나도 안하무인하게 느껴져 자리에서 일어나 버렸다.

그와 식사를 하면서 돈과 시간만 낭비한 것이 아니었다. 나중에 그가 이곳저곳에서 나의 험담을 했다는 것을 알고 할 말을 잃었다. 몇 년이 지나도 그와 친구인지 물어보는 사람이 있을 정도였다.

모두와 잘 지내고 싶다는 생각에 껄끄러운 상대와 무리해서 교류를 하면 운이 떨어지므로 조심해야 한다. **껄끄러운 상대와 무리해서 만날 필요는 없지만, 사람을 좋아하려는 노력을 하는 것은 좋다.** 싫어하는 상대를 최대한 줄이는 것이 중요하다.

심리학에서는 '사람은 누군가 자신을 좋아해주면 그 사람에게 호의가 생긴다'고 한다.

다른 사람의 결점이나 흠을 들추어내려고 하면 한순간은 우월감을 느낄 수 있을지 모르지만 운은 떨어진다.

사람을 싫어하면 아무것도 얻지 못한다. 싫어하는 상

대를 줄이고 많은 사람과 즐거운 시간을 보내는 것이 행운의 비결이다.

> **운습관 check** 운이 좋은 사람은 모든 사람과 가까워지려고 하지 않는다.

화가 나면 행동을 하지 않는다
VS
화가 난 채 행동한다

여러분은 성질이 급한 편인가? 아니면 온화한 편인가?

화가 난 감정을 그대로 품고 행동하면 틀림없이 운이 떨어진다. 그리고 화가 났을 때 행동을 하면 일이 잘 풀리지 않는다. 화를 내지 말라고 말하는 것이 아니다. 화는 감정이기 때문에 없앨 수는 없다. 나는 화가 난 감정을 그대로 내버려두고 행동하다가 좌천되었다. 소중한 친구도 잃었다.

화라는 감정을 품고 행동하면 상대가 가장 상처받는 말과 행동을 선택한다. 관계가 가까우면 가까울수록 상대에게 상처 주는 말을 사용하여 공격하려고 한다. 이런 행동은 냉정을 되찾았을 때에 반드시 후회한다. 그 후 사죄를 하거나 잊고 지내도 상처받은 상대는 평생 잊지 못한다.

화를 내는 대상의 70퍼센트는 '사람'이다. 사람이 무언가를 하거나 사람이 무언가를 하지 않은 것에 화를 낸다. 그리고 **화는 자신이 옳고 상대가 틀렸다는 전제에서 시작된다.**

인간은 자신의 생각만이 옳다고 착각한다. 상대도 똑같이 자신의 생각이 옳다고 생각한다. 세상에서 무엇이 옳고 무엇이 그른가는 그 사람이 놓인 입장이나 환경에 따라서 다르기 때문이다.

전쟁이 일어나는 것도 그런 이유 때문이다. 각각의 국가가 자신들의 사고방식만이 옳다고 생각해 잘못된 쪽을 고치려고 하는 데서부터 싸움은 시작된다.

여기서 내가 말하고 싶은 것은 도덕관이나 종교관이 아니다. 당신이 화를 낸 상대는 현저하게 자존심이 떨어진다는 사실을 알았으면 한다.

운은 사람과의 인연에서 생겨난다. 자존심을 떨어트

린 상대가 당신에게 좋은 인연을 가져다 줄 일은 없다. 오히려 보복을 생각할지도 모른다.

화라는 감정이 일어났다면 적어도 몇 분 동안, 가능하면 다음 날까지 행동을 하지 말자. 화가 느껴진다면 아무런 행동을 하지 말고 적당히 변명을 만들어 일단 그 자리에서 멀어지자. 그리고 감정이 진정되었을 때 상대가 왜 그런 행동을 했는지 냉정하게 생각해보길 바란다.

상대의 언행은 자신의 거울이라고 생각해도 틀리지 않다. 당신이 상대에게 했던 것과 같은 말과 행동을 상대로부터 돌려받는다.

분노에 불이 붙을 계기는 지금 일어난 일만이 아니라 과거에 했던 행동도 포함되어 있다. 상대의 기분을 이해할 수 있을 정도로 냉정해졌다면 당신의 화도 진정되었을 것이다.

운에서 화는 좋지 않지만 화를 내야 할 때도 있다. 당신이나 당신의 소중한 사람이 모욕당했을 때는 화를 강력하게 표현해도 상관없다. 세상에는 상대의 마음을 이해하지 못하는 사람이 있다. 그 사람들에게 웃는 얼굴로 대하거나 화를 참고 있으면 상대는 더욱더 심해져서 당신을 깔보게 된다.

자신이 불리한 상황에 몰렸을 때도 마찬가지로 확실히 자신의 의지를 전할 필요가 있다. 이기적인 상대를 알아보는 방법은 그 상대의 과거 행동을 떠올려보면 된다. 이기적인 사람은 상황을 적절하게 분간하지 못하기 때문에 항상 자신에게 유리한 행동을 취한다. 만난 기간이 길지 않아 알기 힘들 때는 그 사람의 주위에 있는 사람에게 물어보는 것도 하나의 수단이다.

기본적으로는 화는 운을 떨어트리지만, 자신을 지키기 위해서 필요할 때도 있다. 운을 올리기 위해 화라는 감정을 컨트롤 하자.

| 운습관 check | 운이 좋은 사람은 냉정하게 화를 낸다. |

임기응변에 능하다
vs
상식에 얽매인다

여러분은 상식에 얽매이는 편인가? 아니면 임기응변으로 대응할 수 있는 편인가? 운에서는 임기응변으로 대응할 수 있는 사람에게 승리의 깃발이 올라간다.

내가 라쿠고카가 되기 위해 수행을 하던 시절에 셋타*를 내놓는 방법 때문에 스승에게 엄청나게 야단맞았던 적이 있다. 스승이 외출할 때 그날 신을 셋타를 가지런히 내놓는 것도 제자가 하는 일이다. 입문한 지

---

* 눈이 올 때 신는 일본 전통 신발

얼마 안 되었을 무렵 내가 셋타를 꺼내놓자 스승이 열화와 같은 화를 내셨다.

 처음에는 왜 화를 내는지 몰랐다. 선배에게 사정을 들어보니 스승은 체구가 큰 편이어서 셋타를 꺼내놓을 때 가지런히 붙여 놓으면 신기 힘들기 때문에 30센티미터 정도 간격을 벌려 놓는 것이 좋다는 것이었다.

 스모 선수를 떠올려보면 이해하기 쉽다. 그 정도의 거구이면 가지런히 딱 붙여 놓은 셋타를 신기가 힘들 것이다. 그래서 30센티미터 정도 간격을 벌리는 의미를 알 수 있다.

 셋타는 가지런히 내놓는 것이 상식일지도 모르지만 상대에게 맞춰 임기응변으로 대응하는 것이 얼마나 중요한지를 배울 수 있는 훈련이었다.

 이시다 미쓰나리의 '세 잔의 차' 일화는 유명하다. 나가하마성의 주인이 된 도요토미 히데요시가 영토 안에서 매 사냥을 하고 돌아가던 중 목이 말라 근처의 절에 들러 차를 마시고 싶다고 말했다.

 그 때 그를 맞이한 소년이 처음에는 큰 사발에 따뜻한 차를 한 잔 가득 가지고 나왔다. 다음에는 작은 사발에 조금 뜨거운 차를, 그리고 세 번째에는 작은 찻잔에 뜨겁게 끓인 차를 내왔다.

목이 마른 상대에게 우선 마시기 편한 따듯한 차를 가득 내고 목마름이 해소된 후에 차의 맛을 천천히 맛볼 수 있게 뜨거운 차를 낸 것이다. 상대의 상황을 파악하여 가장 만족할 수 있게 대응한 이런 기지에 감동한 히데요시가 그 소년을 데리고 성으로 돌아와 부하로 삼았다는 일화다.

일반 상식보다 상대의 입장이나 상황에 따라 임기응변으로 대응할 수 있는 사고방식이 행운을 불러온다. 비즈니스의 세계에서도 마찬가지로 이런 기지와 배려가 중요하다.

회의에서 발표를 할 때 앞 사람의 이야기가 길어졌다면 자신의 이야기는 핵심만 뽑아 짧게 마무리할 수 있는 사람의 운이 올라간다.

앞 사람의 이야기가 길어져도 상관없이 자신에게 정해진 시간대로 이야기하는 사람은 운이 떨어진다. 주변 상황을 고려하지 않고 이야기를 길게 하는 사람을 사람들은 멀리하기 때문이다.

배려를 잘하는 사람은 어떤 상황에서도 대처를 잘한다.

반대로 평소에 호감을 얻기 힘든 행동을 하는 사람의 경우 신경을 쓰고 있을 때는 배려하는 행동이 나오지만 무의식중에는 배려가 없는 행동이 나온다.

어떤 때라도 기지를 발휘할 수 있는 사람이 되기 위해서는 훈련이 필요하다. 매일 같은 행동만 반복해서는 그 힘을 기를 수 없다.

인기가 있는 카페에서는 맑은 날과 비가 오는 날에 제공하는 메뉴를 바꾼다. 또 추운 날에는 뜨거운 물수건을, 더운 날에는 차가운 물수건을 제공한다. 전국 체인 레스토랑 점원이 고객이 돌아간 후 아무도 없는 테이블을 향해 "다 드신 그릇은 치워드려도 괜찮을까요?"라고 했다는 이야기를 듣고 웃어넘길 것이 아니라고 생각했다.

예전에 집 근처 라멘 가게에 들어간 적이 있다. 710엔 하는 라멘과 240엔짜리 교자를 주문했다. 라멘을 먹으면서 눈 앞의 런치 메뉴를 보자 라멘과 교자 세트가 720엔이었다. 계산대에서 계산을 할 때 런치 세트로 바꿔서 계산해줄 수 있느냐고 물어보았더니, "아니오, 손님은 단품으로 주문하셨기 때문에 안 됩니다"라고 변경할 수 없다는 답을 들었다. 어쩔 수 없이 950엔을 지불하고 나왔다. 어쩐지 손해 본 기분이 들어 두 번 다시 그 가게에 가고 싶은 마음이 들지 않았다.

배려를 잊지 않고 변화에 민감해지면 예측하지 못한 상황에서도 임기응변으로 대응할 수 있고, 나아가 운이 좋은 사람이 될 수 있다.

운습관 check 운이 좋은 사람은 배려를 잘한다.

기대 이상으로 행동한다
vs
지시받은 것만 한다

운이 좋은 가게의 특징은 '고객의 기대 이상'을 하는 가게다.

> 고객의 기대를 넘는 '맛'
> 고객의 기대를 넘는 '가격'
> 고객의 기대를 넘는 '분위기'
> 고객의 기대를 넘는 '서비스'

가게를 사람으로 바꿔서 생각해도 똑같다. 운을 끌어들이는 사람은 상대의 기대를 넘는 일을 할 수 있는 사람이다.

도요토미 히데요시가 오다 노부나가의 조리*를 따뜻하게 데워서 낸 이야기는 유명하다. 추운 겨울에 따뜻한 조리를 신는 것이 기분 좋을 거라고 생각하여 한 행동이다.

앞에서 쇼후쿠테이 쓰루베씨가 담배 심부름을 한 이야기와 신문지를 적셔 청소를 했던 이야기를 했다. 쓰루베씨도 항상 상대가 기대하는 이상으로 일을 해냈다. 이렇게 상대가 기대하는 것 이상의 일을 계속 하다보면 자연스럽게 운이 높아진다.

우선 처음에는 들은 내용을 상정해보는 것부터 시작해보자.

반대로 운에게 버림받는 사람은 다음과 같은 사람이다.

① 지시받은 일만 한다.
② 일을 편하게 하려고 한다.
③ 꾸준히 하지 못하는 성격을 고치지 않는다.
④ 쉽게 불평한다.

* 짚으로 엮어 만든 일본 전통 신발

이것은 '인간력'을 계속해서 추구하는 잡지 〈치지〉를 33년간 발행해온 치지출판의 후지오 히데아키 사장이 성공한 사람 몇 천 명과 대담하여 성공하지 못하는 사람의 공통점 네 가지를 정리한 것이다.

강연에서 이 이야기를 하면 '상사가 지시한 일을 하는 것만으로도 힘든데 그 이상의 일은 도저히 할 수 없다'는 대답이 돌아온다.

시킨 일만 하면 완벽하게 해낸 상태가 '시킨 일'이다. 그러면 '시킨 일도 하지 못한다'는 말을 들을 가능성이 높다. 상대가 무엇을 바라는지 아주 조금만 생각하면 힌트는 수없이 많다.

예를 들어 내가 SBI 그룹에서 일하던 무렵 부하가 올리는 품의서가 수없이 많았는데 스테이플러가 제대로 찍히지 않고 끝이 튀어나와 있는 것이 꽤 있었다.

그 중에서 A씨가 작성한 품의서는 항상 스테이플러를 찍은 후 그 위에 셀로판테이프가 몇 겹이나 붙어 있었다. 그러면 스테이플러 끝이 테이프에 눌려 손가락에 상처가 나지 않는다.

내 손가락에 상처가 생겨 피가 나는 장면(묘사가 조

금 과장되었지만)을 목격한 부하는 많았다. 하지만 그 후 테이프를 붙여주는 사람은 A씨뿐이었다.

시킨 일 이상을 한다는 것은 구체적으로 어떤 것을 가리키는 것일까? **상대를 생각하는 마음, 상대를 기쁘게 하고 싶은 마음, 그것이 플러스알파의 행동을 만든다.**

만약 괜찮은 레스토랑을 잘 찾는다고 하자. 좋아하는 사람에게 괜찮은 레스토랑을 알려달라는 부탁을 받았다면 어떻게 할까?

방문 목적이 무엇인지, 몇 명이 가는지, 어떤 분위기가 좋을지 여러 가지를 물어본 후에 가장 좋은 레스토랑을 찾아주고 싶을 것이다.

그것이 만약 업무 중 하나이고 그다지 좋아하지도 않는 상사가 내린 지시라면 적당히 검색해서 제일 위에 나온 가게를 예약하지는 않을까?

일을 할 때 상대가 기뻐했으면 좋겠다고 생각하는 자세를 이어가면 상대는 당신에게 호감을 가지고 좋은 정보와 좋은 인맥을 소개해주기 때문에 운이 크게 향상된다.

상대가 무엇을 바라는지, 어떻게 하면 상대가 기뻐할

지를 상상하는 것만으로 일의 결과가 달라진다.

> **운습관 check**   운이 좋은 사람은 상대가 바라는 것을 파악할 수 있다.

다른 사람에게 선물한다
vs
자신에게 선물한다

만약 1만 엔을 받아 오늘 안에 사용해야 한다면 어떤 일에 쓰고 싶은지 생각해보자.

> ① 갖고 싶었던 신발을 산다.
> ② 어머니가 마음에 들어 했던 머플러를 사드린다.
> ③ 친구와 함께 식사하러 간다.

같은 1만 엔이라도 사용 방법에 따라 그 돈에 대한 가치는 크게 달라진다. 자신을 위해 돈을 사용하는 일이 나쁜 것은 아니지만 운을 높이기 위해서는 다른 사람을 위해서 돈을 사용할 것을 추천한다.

왜 다른 사람을 위해서 돈을 쓰는 것이 더 좋을까? 그 이유는 다른 사람을 위해 돈을 쓰면 돈의 가치가 올라가기 때문이다.

인간에게는 '감각순응'이라는 것이 있다. 아무리 간절히 원하던 것이라도 손에 넣고 나면 금방 싫증이 나고 더 좋은 것, 더 비싼 것을 원하며, 욕망은 점점 높아지는 것을 의미한다.

반면 다른 사람에게 선물하는 행동은 누군가를 기쁘게 해준다. 인간은 다른 사람이 기뻐해줄 때 최고의 뇌파가 나온다. 그것이 쾌감이 되고 기쁨이 되어 돈에서 느끼는 가치가 올라간다. 또 선물 받은 상대도 기쁨이 배가 된다.

스스로 꽃을 샀을 때보다 다른 사람에게 꽃을 받았을 때가 더 기쁘다. 기쁘고 감사한 마음이 들면 답례를 해야겠다는 생각이 든다. 그 상승효과로 운도 올라간다.

운에서 보면 물건을 사는 것과 체험에 돈을 사용하는 것 중에서 체험에 돈을 사용하는 편이 좋다. 돈을 자신만을 위해서 사용하면 잠깐만 만족하지만, 누군가와 식사를 하러 가거나 여행을 가는 등 '체험'에 사용하면 다른 사람과 기쁨을 공유할 수 있어 운을 높여준다.

따라서 앞의 질문에서 ③이라고 대답한 사람이 가장 운이 좋아진다. 식사하러 간다, 콘서트, 영화, 연극을 보러 간다, 휴가 여행을 간다, 골프를 배운다 등등 다른 사람과 함께 체험을 공유하거나 나중에 다른 사람에게 이야기를 들려줄 수 있는 것이면 무엇이든 상관없다.

아무리 간절히 원하던 물건이 있어도 그것을 산 순간 가장 흥분되고 손에 넣은 후에는 점점 흥분했던 마음이 식어가는 것이 인간의 마음이다. 체험은 그 때의 즐거웠던 기억이 여운이 되어 계속 이어진다. 다른 사람과 즐거움을 공유하면 마음이 이어지기도 한다. 2차, 3차적으로 기쁨을 계속해서 만들어낼 수 있다.

또 다른 방법으로는 **돈이 없어도 다른 사람에게 친절한 행동을 하면 운이 올라간다.** 헌혈을 하거나 동료의 일을 도와주는 등 다른 사람에게 도움이 되는 행동을 하자.

마찬가지로 감사의 말을 해도 운은 올라간다. 친절은

다른 사람에게 전염된다. 누군가에게 친절을 받으면 그 친절을 또 다른 사람에게 나눠주고 싶어진다고 한다.

한 남성이 편의점에서 주스를 사려고 했다. 그런데 계산대에서 지갑을 집에 두고 왔다는 것을 깨달았다. 계산을 기다리다 그 상황을 목격한 여성이 살짝 돈을 건네며 "괜찮으시다면 드릴게요."라고 말했다. 남성은 미안해하면서 그 돈으로 주스를 살 수 있었다.

가게를 나오자 자전거가 몇 대가 쓰러져 있었다. 그 남성은 쓰러져 있던 자전거를 전부 세우고 돌아갔다. 평소라면 그냥 지나쳤을 텐데 다른 사람으로부터 받은 친절을 누군가에게 돌려준 것이다. 다른 사람을 위해서 돈을 사용할 때 금액은 전혀 상관없다.

오늘 집으로 돌아가는 길에 350엔짜리 케이크를 가족에게 사다주면 틀림없이 운이 올라갈 것이다.

운습관 check | 운이 좋은 사람은 수많은 추억을 만들어 간다.

제 5 장

운을 끌어들이는 말버릇

행운이란 준비와 기회를 만났을 때 나타난다. — 세네카

침묵한다
vs
잘 떠든다

평소에 이야기를 잘하는 편인가? 아니면 듣기를 잘하는 편인가? 운이 좋은 사람은 그다지 많이 떠들지 않는다. 운이라는 관점에서는 듣기를 잘하는 사람에게 승리의 깃발이 올라간다.

- 말하지 않으면 어리석은 자도 현명해 보인다.
  —《구약성서》솔로몬의 말
- 웅변은 은, 침묵은 금
  — 토머스 칼라일Thomas Carlyle (영국 사상가, 역사학자)

> - 자신의 연설에 후회하는 일은 셀 수 없이 많지만 침묵에 후회한 일은 없다.
>   — 푸블릴리우스 시루스Publilius Syrus (고대 로마시대 극작가)

일본에도 '말하지 않는 것이 꽃', '보지 않고 듣지 않고 말하지 않는다'는 속담이 있다. 정치가가 반대 정당으로부터 과거의 발언에 대해 공격받는 광경을 보면 역시나 고개를 끄덕이게 된다.

주변 환경과 사회적인 위치는 변화한다. 현재는 서로 이해하고 사이가 좋은 상대에게 "○○씨는 조금 껄끄러워"라고 말했을 경우를 상상해보자.

나중에 ○○씨가 자신에게 큰 영향을 주는 자리에 갈 가능성도 있고 동료가 언제 자신을 적대시할지도 모른다.

가볍게 말을 하면 그것이 확정 사실이 되어 나중에 되돌릴 수 없기 때문에 주의해야 한다. 게다가 자신의 입으로 말한 것은 반드시 당사자에게 전해진다고 생각해도 틀림없다.

또한 '그런 녀석이랑 만나는 것은 불쾌하다', '이렇게 급여가 적은 회사에서 일할 수 없다'와 같은 부정적인 발언은 자제하자. 운이 좋은 사람은 불필요한 이야기를 하지 않는다는 공통점이 있다.

 말에는 강한 힘이 있어서 사람에게 쉽게 상처 줄 수도 있다. 당신이 한 말이 전혀 모르는 곳에서 많은 사람들의 이야깃거리가 되고 있을지도 모른다. 당신의 인격이 그런 자리에서 정해지고 있을 가능성도 있다.

 이야기하고 싶은 것이 많을지도 모르지만 실제로 입 밖으로 꺼내기 전에 그 말을 해도 좋을지 어떨지 생각해보는 것이 중요하다. 이런 배려가 당신을 도와준다. 인간은 이야기하지 않아서 후회하기보다 지나치게 떠들어서 후회하는 일이 더 많다.

 다만 운이 좋은 사람의 대부분은 사교성이 높은 것도 사실이다. 격이 없는 자리라면 이런저런 이야기를 해도 괜찮다.

 사람이 모이는 장소에서 밝은 대화를 즐기거나 누군가를 칭찬하거나 모두에게 기운이 나는 이야기를 하는 것처럼 사교성은 훌륭하고 좋은 운을 불러들인다.

 반대로 다른 사람의 방침에 의견을 내거나 누군가가

좋다거나 싫다는 이야기를 하거나 누군가를 비판하는 발언은 상대가 불쾌하게 느낄 수 있는데다 비판한 사람과 이후에 어떤 관계가 될지 모르기 때문에 피하는 것이 좋다.

침묵은 자신의 행동을 정당화하는 의무에서 해방되는 이점도 있다. 사람은 한 번 선언하면 그것을 입증하는 행동을 강요받는다.

예를 들어 '이 주식은 절대로 오른다'고 선언하고 나면 손절할 수 없어지거나 '연인의 좋은 점을 다른 사람에게 들었다'는 이유로 나중에 형편없는 남성이라는 사실을 깨닫고도 다른 사람이 한 말이 신경 쓰여서 헤어질 수 없는 경우도 있다.

자신의 말에 속박되지 않고 그때그때 바꿔갈 수 있는 융통성도 필요하다.

커뮤니케이션의 달인은 듣기를 잘 한다. 혼자만 너무 떠들지 않고 상대의 말과 행동에 관심을 가지고 들어주는 것도 중요하다. 당신을 포함해 누구나 이야기하고 싶어 한다. 많은 사람이 괜한 말을 입에서 꺼내지 않고 들어주는 사람을 필요로 한다.

밝고 사교적인 대화를 즐기면서 말하지 않아도 좋은 것은 입에 담지 않는 분별력이야말로 당신을 운이 좋은 사람으로 만들어 줄 것이다.

> **운습관 check** 운이 좋은 사람은 듣기를 잘한다.

상대를 주인공으로 만든다
vs
자신이 주인공이 된다

'다른 사람을 칭찬하자'

이런 내용은 자기계발서나 커뮤니케이션 책에는 반드시 나온다. 다른 사람을 칭찬하면 좋다는 것은 대부분의 사람이 알고 있다. 그리고 대부분 실천해보려고 생각한다. 하지만 잘 하지 못한다. 왜 다른 사람을 칭찬하는 것이 그렇게 어려울까?

다음 대화를 살펴보자.

"어젯밤 11시 반에 ABC상사에서 클레임 전화가 와서 정말로 곤란했어요. 열심히 설명했더니 일단 납득한 것

같기는 한데……" 동료가 이렇게 말했다고 하자.

동료는 이 대화 속에서 두 가지를 칭찬해 주기 바라는 신호를 보내고 있다. 늦은 시각까지 일을 했다는 사실과 ABC상사와 교섭을 잘 해냈다는 사실, 이 두 가지를 인정받고 싶어서 꺼낸 말이다.

이때 당신은 "○○씨, 늦게까지 일하느라 고생하셨네요. ○○씨가 있어서 다행이에요. 감사합니다"라고 칭찬하면 상당히 호감도가 올라간다.

하지만 이렇게 말하기란 꽤 힘들다. 왜 그럴까? 상대의 행동이 힘들었다고 생각하기보다 자신이 더 힘들었다고 자기도 모르게 어필하고 싶어지는 인간의 본능 때문이다.

그렇다. 인간은 상대를 칭찬하는 것 이상으로 자신도 칭찬받고 싶어 한다. 그렇다면 본심으로 대답했을 경우 대화가 어떻게 진행될까?

"그러셨군요. ABC상사는 밤늦게 전화를 걸어올 때가 많아요. 지난주에 저는 밤 12시에 전화를 받았다니까요."

이래서는 상대를 칭찬해주기는커녕 자신이 더 대단하

다고 어필하는 상황이 되어버린다. 이 대화에서 또 한 가지 ABC상사와의 교섭을 잘 진행한 것도 칭찬해주기를 바라는 부분이다.

"○○씨, 그 벽창호 같은 △△부장님을 어떻게 설득하셨어요? 역시 대단하네요."

이것만으로 충분하다. 하지만 좀처럼 이렇게 말하지 못하고, "△△부장님은 무섭죠. 저도 설득하는데 늘 고생해요"라고 자신의 고생을 덮어씌우고 만다. 다른 사람을 칭찬하는 효과는 뛰어나지만, 다른 사람을 칭찬할 때에 자신을 인정받고 싶은 본능을 억제하기가 어렵다.

내가 영업본부장으로 있을 때 영업 회의에서 변명하는 부하의 발언을 자르고 화를 냈던 시기에는 실적이 좋아지지 않았다. 방식을 바꿔 부하의 발언에 '그랬구나', '그렇군' 같은 이해한다는 의사를 표현했더니 변명이 줄어들 뿐만 아니라 영업 실적도 좋아졌다.

커뮤니케이션의 달인은 대화의 주역이 누구인가를 생각한다. 대화의 주역이 누구인지 생각하고 상대가 말하고 싶은 핵심을 파악하여 반응하면 적확하게 칭찬할 수 있다.

칭찬은 단순히 입에 발린 말이 아니라 상대가 가장 인정해주기를 바라는 부분을 '잘 알고 있다'고 전하는 일이기도 하다. 그렇기에 상대는 기뻐한다.

자신을 내려놓고 먼저 상대를 인정하는 고통만 뛰어넘는다면 칭찬하는 것은 간단하다. 또한 상대가 기뻐해주고 만족해주는 데 성취감을 느끼게 되면 남보다 자신이 인정받고 싶은 고통도 사라질 것이다.

다른 사람을 칭찬하는 일은 돈도 시간도 들지 않고 상대를 기쁘게 할 수 있으므로 커뮤니케이션 책에서도 반드시 추천하는 내용이다. 하지만 자신의 인정 욕구를 자제해야 하기 때문에 그렇게 쉽지는 않다.

운이 좋은 사람은 상대를 주인공으로 만들 수 있는 사람이다.

> **운습관 check** 운이 좋은 사람은 다른 사람을 기쁘게 해줄 수 있다.

재미있을 것 같아
vs
바빠

'우리는 마음속으로 생각한대로의 인간이 된다.'

이것은 제임스 알렌James Allen의 저서《위대한 생각의 힘As a man thinketh》앞부분에 나오는 문장이다. 지금 '나의 모습'은 1년 전, 5년 전에 생각했던 '나의 모습'이 현실화된 것이다. 조금 뜻밖으로 느껴질지도 모르지만 이것은 사실이다.

지금 돈이 없는 사람은 하루 종일 돈이 없는 현실을 이야기한다. 회사에서 출세하지 못하는 사람은 출세하지 못하는 현실을 이야기하고 한탄한다.

당신이 생각하는 것은 '말'로 표현된다. 말이 생각을 구체적인 이미지로 만들어 뇌에 전달하고 뇌는 전달받은 모습의 인간이 되려고 한다.

물론 표면으로 생각하는 의식은 부자가 되고 싶다고 생각하고 있을지도 모르지만 무의식에서는 돈이 없는 현실을 끌어들이고 있는 것이다.

회사에서 하는 말버릇이 돈, 커뮤니케이션, 출세에 크게 영향을 주고 있는 것은 틀림없다. 그렇다면 운이 좋아지는 말을 추측할 수 있을 것이다. '행복', '감사' 등을 표현하는 말이다. 운이 나빠지는 말도 알 수 있다. '원망', '증오', '질투' 등을 표현하는 말이다.

의외로 사람들이 잘 알지 못하는 운을 떨어트리는 말로 '바쁘다'가 있다. '바쁘다'는 말을 많이 하는 사람 중에 성공한 사람은 없다.

"바빠서 못했습니다."

"하려고 생각했는데 시간이 없어서."

평소에 '바쁘다'를 연발하는 사람의 심리에는 자신을 더욱 평가해주기를 바라는 욕구가 들어 있다. 자신을 어필하는 사람 곁에는 다른 사람이 가까이 다가가고 싫어 하지 않는다. 그러면 운은 떨어진다.

성공한 사람은 보통 사람들보다 두세 배나 되는 시간을 일이나 취미를 하며 보내고 있지만, '재미있다' 혹은 '즐겁다'는 말은 해도 '바쁘다'고는 말하지 않는다.

'바쁘다'는 말을 듣는 주위 사람은 좋은 기분이 들지 않는다. 상대방에 비해 자신이 한가하다는 말을 듣는 것처럼 느껴지기 때문이다.

반대로 운을 올리는 말은 '재미있을 것 같다'이다. '재미있을 것 같다'는 호기심을 드러내는 표현이다. 인간의 본능에 '호기심'이라는 것이 있다. 이 **호기심'은 운을 올리는 주요한 키워드다.** 리스크가 있거나 고생을 동반하는 일이라고 해도 '호기심'은 리스크나 고생을 문제 삼지 않는 에너지로 바뀐다. '호기심'은 모르는 것을 알고자 하는 본능이다. 모르는 것을 알기 위해서는 평소와는 다른 행동을 취해야 한다.

지인 중에 40세의 금융회사 직원이 있다. 그는 '호기심이 행운을 끌어들인다'는 내 말을 듣고 바로 영어회화 상급반에 다니기 시작했다. 원래도 영어를 잘하는 사람이었지만 업무에서 거의 사용할 일이 없었기 때문에 아깝게 실력을 썩히고 있었다.

 하지만 상급반에 다니면서부터는 영어회화 수업만으로는 부족하다고 느끼기 시작했다. 그래서 영어로 진행하는 토론 교실에도 참가하여 세계에서 모인 이야기 달인들의 모습에 자극을 받아 더욱 높은 수준의 화술을 익혔다.

 지난 해 세계대회 우승자의 이야기를 듣고 인생관이 바뀌었다고 한다. 지금까지 회사에 매달려 있던 자신이 작아 보이기 시작해 서클 활동으로 교우범위를 넓히고 영어회화도, 이야기하는 '영어'에서 들려주는 '영어'로 바꿔갔다.

 얼마 전에 그와 점심을 함께 먹었는데 서클에 참가하기 전과 비교해서 얼굴 표정에 자신감이 넘쳤다. 회사의 장래성이 없다고 불평하던 그와는 전혀 다른 사람 같았다.

 3개월 후에 영어 토론대회에 나갈 예정이라는 것과 영어회화 교실에서 알게 된 동료와 함께 책을 낼 계획을 진행하고 있다는 이야기도 해주었다.

 '재미있을 것 같다', '좀 더 알고 싶다', '흥미롭다' 이

런 작은 호기심의 싹을 무시하지 말고 행동으로 옮겨 보기만 해도 운은 올라간다.

호기심은 행운을 끌어들인다. 두근거리는 마음을 한껏 펼쳐보자.

> **습관 check** 운이 좋은 사람은 긍정적인 말을 한다.

네, 알겠습니다
vs
하지만

상사나 다른 사람에게 무언가를 부탁받으면 "네, 알겠습니다", "꼭 제가 하게 해주세요"라고 말하는 편인가?

내 주위에 운이 좋은 사람들은 예외 없이 "네, 알겠습니다"가 말버릇이다.

이전에 내가 담당하는 라디오 프로그램에 다카노 노보루 전 리츠칼튼호텔 일본지사 지사장에게 게스트로 출연해달라는 부탁을 한 적이 있다.

그는 "요코야마씨의 의뢰에 대한 답은 '예스!', '네!', '기꺼이!' 밖에 없어요"라는 말을 해주었다. 나는 이 말에 감격했다. 매일 바쁜 데도 불구하고 아무런 조건도 없이 '네!'라고 답해준 그의 열렬한 팬이 되었다.

회사에서 상사가 일을 지시했을 때 '네!'라고 바로 답할 수 있는 사람이 운을 올린다. 상사의 지시이므로 '아니요'라고 말하지는 못하겠지만, 이런저런 핑계를 대거나 얼마나 바쁜지를 강조하는 사람이 많다.

다른 사람의 권유에 '네!'라고 대답하면 운이 올라간다. 파티나 스터디 후의 2차 참석을 아무렇지 않게 거절하는 사람이 있지만 무척 아까운 일이다. 이런 자리는 주최 측의 강사나 사장과 이야기할 수 있는 기회의 자리다.

자신에게 얼마나 이득이 있을지 따져볼 필요는 없지만 운은 사람과의 인연에서 자란다는 것을 염두에 두면 기회를 놓치지 않을 것이다. 친목 자리에서 함께 있던 사람들이 의기투합하여 책 출판에 이른 사람은 나를 포함해서 수없이 많다.

상사나 다른 사람에게 '하지만……', '그래도……', '아니, 그게 아니라……' 같은 부정으로 말을 시작하는 사람은 운이 떨어진다. 이유는 두 가지다.

첫 번째는 자신의 이야기에 대한 상대의 반응이 부정

형으로 시작하면 자신이 부정당했다는 느낌을 받고 자신을 부정한 상대에 대한 흥미가 사라진다.

이야기 도중에 '하지만'이나 '아니, 그것은' 같은 말을 듣는다면 어떨지 생각해보자. 그다지 좋은 기분은 들지 않을 것이다. 이런 상대가 싫어질 수도 있다.

다른 사람의 이야기를 '그러게!', '응. 응'이라며 고개를 끄덕이며 듣는 사람이 운을 올리는 사람이다. 다른 사람을 부정하는 사람은 운을 떨어트린다.

부정형으로 시작하면 생기는 두 번째 폐해는 처음에 '아니요'라고 말하면 뇌가 할 수 없는 핑계를 생각하기 시작한다. 스스로 의식하지 않아도 뇌는 말한 것을 실현하려고 움직이기 시작한다. '그런 건 무리에요'라고 말한 순간부터 두뇌는 급격히 할 수 없는 이유를 열거한다.

아무리 의식적으로는 할 수 있는 방법을 생각하려고 해도 안 된다. 반대로 처음에 '네'라고 긍정하면 무리한 부탁이라고 해도 뇌는 할 수 있는 방법을 모색한다. 역사에 남을만한 대단한 발견이나 발명도, 할 수 있다고 생각한 사람이 있었기에 실현되었다.

운을 높이기 위해서 대화는 긍정형으로 시작하자.

'네!'라고 대답하면 상대도 기분이 좋아지기 때문에 커뮤니케이션이 원만하게 흘러간다. 그리고 뇌도 실현하려고 긍정적으로 생각해준다.

행운은 긍정적인 사람이 있는 곳에 모인다. 처음에는 무리라고 생각해도 'YES'라고 답하자. 그 후에 아무리 방법을 찾아봐도 무리라는 판단이 들면 그때 철회해도 괜찮기 때문이다.

경솔하게 떠맡는 것이 아니라 최선을 다해 할 수 있는 방법을 생각한 후라면 'NO'라고 말해도 당신의 가치는 떨어지지 않는다. 오히려 도전한 것에 대해 평가를 받을 수 있다. 운이 있는 사람은 '네. 기꺼이!'가 말버릇이다.

반대로 '하지만……'은 운을 떨어트리는 말이라는 것을 명심해두자.

> **운습관 check** 운이 좋은 사람은 긍정적인 말을 선택한다.

치켜세워주는 말을 한다
vs
솔직히 말한다

상대를 추어올리는 말을 잘하는 편인가? 못하는 편인가?

아니꼬운 발림 말을 하는 것은 내키지 않을지도 모른다. 회사에서 발림 말은 전혀 하지 않고 말하고 싶은 대로 자유롭게 말하며 운을 떨어트리는 사람이 많다. 본인은 옳은 것을 솔직히 말한다고 생각하지만 옳다는 것은 사람이나 장소, 그리고 시대에 따라서도 다르다는 사실을 알아두자.

상대를 추어올리는 말을 잘하는 사람은 운이 높은 사

람이다. 이렇게 이야기하면 '나는 아부까지 하면서 출세하고 싶지 않다'는 사람이 있다. 하지만 우리는 자신이 원하는 것을 손에 넣기 위해서 무의식적으로 많은 '아부'를 하며 살아간다.

물건을 파는 사람은 고객에게 '아부'를 한다. 남성은 좋아하는 여성에게 '아부'를 한다. 어린이조차도 원하는 장난감을 손에 넣기 위해서 부모에게 '아부' 할 때가 있다. 다른 사람을 치켜세워주는 말은 다시 말하면 칭찬을 의미한다.

하지만 단순히 칭찬하라고 해도 보통 무엇을 칭찬해야 좋을지 잘 모른다. 적당히 칭찬하면 비행기 태우거나 빈말을 늘어놓는 것처럼 들려 상대는 물론 주위 사람들에게도 평판이 나빠질 수도 있다. 칭찬의 요령은 상대에게 관심을 갖는 것이다. 상대에게 관심을 갖고 관찰하여 상대의 '변화'를 칭찬해주자.

키워드는 '변화'다. **상대의 '변화'를 칭찬하면 자연스럽게 상대에게 관심이 있다는 것이 전해진다.**

"오늘 과장님 넥타이가 잘 어울립니다."

"오늘 부장님 프레젠테이션 멋졌습니다."

여기서 '오늘'이 포인트다. '오늘'이라고 말하면 평소에 과장님의 넥타이나 부장님의 프레젠테이션도 관심이 있었다는 사실이 드러난다.

단순히 넥타이나 프레젠테이션을 칭찬하기보다는 '오늘'이라는 말을 덧붙이면 일시적인 아부가 아니라 평소에도 주목하고 있다는 마음이 전해진다. 그 말을 듣는 상대는 진정성을 느낄 수 있다.

단순히 칭찬하는 것이 아니라 '변화'에 주목하자.

"○○씨 최근 열심히 일한다는 이야기를 들었어. 대단해."

"△△씨, 최근 리포트 내용이 좋아졌어. 훌륭해."

이렇게 변화를 지목하면 빈말이나 비행기 태우는 말로 들리지 않는다. 당연히 항상 상대에게 관심을 갖고 관찰한다는 것이 전제되어야 한다는 사실을 잊어서는 안 된다. 진심으로 생각하지 않는 것은 반드시 상대에게 전해지기 때문이다.

상대의 '평소와 다름'이라는 변화에 안테나를 높이 세우자. **운을 높이는 방법은 다른 사람에게 관심을 갖는 것이다.** 다른 사람에게 관심을 가지면 자연스럽게 질문하고 싶어진다.

다른 사람에게 질문을 받으면 기분이 좋다. 질문 내용은 취미가 무엇인지, 휴일을 어떻게 지내는지, 좋아하는 신문이나 잡지나 책이 무엇인지 등 어떤 것이라도 상관없다.

나고야에 사는 지인은 회사를 세워 보험대리점 비즈니스를 시작했다. 처음에는 계약을 전혀 따낼 수 없었지만 질문하는 화법으로 바꾼 후부터 대성공할 수 있었다. 그는 영업처 회사 사장과의 면담에서 "저도 사장님처럼 되고 싶은데 어떻게 하면 좋을까요?"라고 질문했다고 한다. 질문 받은 사장은 기분이 좋아져서 자신의 무용담을 들려줬다. 질문을 하여 사장의 자기 중요감이 올라갔다. 사장과 이야기를 나눈 후 보험 계약을 했을뿐만 아니라 지인의 회사 사장까지 소개해주었다.

다른 사람에게 관심을 갖고 변화를 칭찬해주자. 그리고 질문을 많이 하자. 그러면 틀림없이 운이 올라갈 것이다.

> 운습관 check
> 운이 좋은 사람은 상대가 이야기하고 싶어 하는 것을 이끌어낸다.

자기 암시를 건다
vs
겸손을 드러낸다

 먼저 과거에 했던 일 중에 성공한 사례를 떠올려보자. 그 사례는 처음부터 할 수 있을 것이라고 생각했는가?

 다음으로 과거에 실패했던 사례를 떠올려보자. 시작할 무렵에 실패의 예감은 있었나?

 일이 잘 된 사례는 처음부터 잘 될 것 같은 느낌이 들었을 지도 모른다. 인간의 뇌는 가능하다고 믿으면 실패나 좌절에 굴하지 않고 도전한다. 반대로 믿지 않으면 작은 실패만으로도 포기해버린다.

 자전거 타는 연습을 하고 있다고 상상해보자. 누구나

자전거를 탈 수 있기 때문에 자신도 잘 탈 수 있을 때까지 포기하지 않고 연습한다. 연습하면 자전거를 탈 수 있다고 믿기 때문에 할 수 있다.

자전거를 타는 일은 쉽다고 생각할지도 모르겠다. 하지만 중력과의 관계를 생각하면 자전거의 균형을 잡기는 어려운 일이다. 그래도 탈 수 있다고 믿기 때문에 뇌는 당연히 가능하다고 판단하여 가능할 때까지 포기하지 않는다.

운이 좋은 사람은 모두가 불가능하다고 생각하는 것도 가능하다고 믿는다. 혼다 소이치로는 혼다가 아직 변두리 공장 시절부터 '세계적인 혼다가 되겠다'고 믿고 선언했다. 실제로 혼다는 세계가 인정하는 회사가 되었다.

의학과 관련된 이론으로 플라시보 효과가 널리 알려져 있다. '플라시보'란 가짜 약을 말한다. 플라시보 효과란 실제 병을 낫게 해주는 약이 아닌 것을 먹었는데도 진짜 약을 먹었을 때처럼 증상이 회복되는 것을 말한다. 약뿐만 아니라 원래라면 효과가 없을 치료를 했는데도 플라시보 효과로 증상이 호전되는 일도 있다.

인간의 가능성은 우리가 생각하는 것 이상으로 대단하다. 아무리 벽이 높아도 할 수 있다고 믿으면 달성할 수 있다. 그렇다면 할 수 있다고 믿기 위해서는 어떻게 하면 좋을까.

그것은 **소리 내어 말로 몇 번이고 선언하는 것이다.** '거짓을 100번 말하면 진짜가 된다'는 속담도 있듯이 몇 번이고 말을 하면 처음에는 '정말일까?'라고 생각했던 것이 어느 사이엔가 '반드시 괜찮다'는 확신으로 바뀐다.

운이 좋은 사람은 자신의 소망을 몇 번이고 선언하며 꿈을 실현한 이미지를 그려본다. 운이 나쁜 사람은 부정적인 말을 연발한다.

"어차피 나는 ○○이니까."

"피곤해."

"그 사람이랑은 잘 될 리가 없어."

이런 말은 진심이 아니더라도 인간의 뇌는 진심인지 어떤지, 현실인지 상상인지 판단하지 못한 채 이미지로 축적해간다. 그리고 무의식의 영역에서 이미지대로 되려는 행동을 취하게 된다.

처음에는 겸손하게 표현하려고 한 부정적인 말이 어느 샌가 무의식이 사실로 믿어버려 운이 없는 일을 일으킨다. 가령 자신의 능력을 넘어선 일이나 프로젝트를 맡았다고 해도 처음부터 "못하겠습니다"라고 말해서는 안 된다.

"하겠습니다"라고 선언하자. **'YES', '하겠습니다'와 같은 긍정적인 말은 행운을 끌어들인다.** 운을 끌어들이기 위해서는 처음부터 말로 선언하고 자기 암시를 걸어야 한다. 자기 암시 덕분에 할 수 있다고 믿게 된다.

'할 수 없다'고 자기 암시를 걸면 운은 도망치기 때문에 조심해야 한다.

운습관 check 운이 좋은 사람은 성공한 이미지를 그려본다.

이익으로 사람을 움직인다
vs
논리로 사람을 움직인다

운은 사람의 인연으로 생겨난다. 당신에게 협력해주는 사람, 응원해주는 사람이 많을수록 성공에 가까워진다.

그렇다면 어떤 사람 곁에 응원해주는 동료가 모일까?

에도 막부시대 말기의 영웅 사카모토 료마는 우국지사들이 큰 논쟁을 벌이고 있을 때 그 논의에는 끼지 않았다.

마침 그 자리에 있던 한 사람이 "왜 귀공은 논의에 끼지 않는가?"라고 묻자 료마는 "논리로 사람을 움직일 수 없다"고 대답했다. 의아해진 그가 "그렇다면 무엇으로 사람을 움직이는가?"라고 다시 묻자, "이익으로 움직인다"는 한 마디를 남겼다고 한다.

이 일화가 정말로 있었던 일인지 어떤지는 모르지만 인간이 행동하는 원리를 정확히 밝히고 있다.

우리는 옳은 일이라면 당연히 누구나 협력해줄 것이라고 생각한다. 논리적으로 옳은 제안을 따르는 것을 거부할 수 없다고 생각한다.

하지만 실제로는 그렇지 않다. **왜냐하면 '옳은 일'이라는 것은 실제로는 제각각의 주관이기 때문이다. 입장이 다르면 이해관계도 다르기 때문에 정의를 내세워도 사람의 마음을 움직이는 것은 힘들다.**

다른 사람을 자신이 생각하는 대로 움직이는 요소는 다음 네 가지다.

> ① 이익 ② 애정 ③ 동정 ④ 공포

이 네 가지 요소가 사람을 움직인다.

이 중에 '사랑'으로 사람을 움직이는 것이 가장 이상

적일지도 모른다. 부모와 자식, 부부, 친구 사이에서는 이익이 없어도 움직여줄 때가 있다. 하지만 의도적으로 다른 사람의 '사랑'을 얻을 수는 없다. '동정'으로 사람이 움직이기도 하지만, 이것은 즐거운 마음으로 움직이는 일은 아니다.

'공포'로도 사람은 움직인다. 조직을 이끄는 리더론에 이런 수법을 주장하는 내용도 있다. 이 방법을 취하는 경우에는 신뢰관계를 구축하고 있을 것을 전제로 한다. 또한 공포의 감각은 둔화되기 쉽고, 공포만으로는 상대를 움직일 수 없는 상황도 있다.

사람을 움직이게 할 때 가장 효과적인 것은 역시 료마가 말한 '이익'을 표하는 것이다. 자신의 의견이 얼마나 옳은지를 설명하여 사람을 움직이려 해도 이론만으로는 움직이지 않는다.

배경에 상사와 부하의 관계처럼 다른 이해가 작용하지 않는 한 도리만으로는 사람은 움직이지 않는다고 생각해두는 편이 좋다.

나는 채용면접을 많이 해왔는데, 안타깝지만 우리 회사의 '이익'을 설명할 수 있는 지원자는 많지 않았다.

"왜 우리 회사에 지원했습니까?"

이 질문에 대해 "지금 회사에서는 하고 싶은 것을 다 했기 때문에 한 단계 더 올라가고 싶어서 귀사에 지원했습니다" "자유롭게 의견을 말할 수 있는 사풍과 장래성에 마음이 끌려 지원했습니다"

이런 대답이 돌아올 때가 있다. 이런 답은 '논리'로는 옳을지도 모르지만 우리 회사에 어떤 '이익'이 되는지는 드러나지 않는다.

면접에서 채용되기 위해서는 자신을 채용하면 어떤 '이익'이 있는지를 명확히 표현해야만 한다.

인간은 자신의 이익 중심으로 모든 것을 생각한다. 조금 시점을 바꿔 상대의 이익을 생각하는 버릇을 들이면 운은 올라간다.

모든 일은 항상 '상대'라는 대상이 있을 때 성립한다. 자신의 주장을 통과시키기 위해서는 상대의 주장을 상상하여 먼저 상대를 만족시키는 방법을 생각하는 것이 중요하다.

상대의 이익을 실현하기 위해서 자신이 무엇을 제공할 수 있을까? 당신의 이익을 주장했을 때 상대가 그

주장에 대해 어떻게 답을 할까? 거기까지 상정하여 답을 준비해두면 완벽하다.

> **운습관 check** 운이 좋은 사람은 상대의 이익을 생각한다.

행동으로 전한다
VS
말로 전한다

여러분은 정의감이 강한 편인가? 올바르지 않은 것을 싫어하는 편인가?

정의감이 강하고 정직하게 살아가는 것은 무척 훌륭한 일이다. 하지만 정의를 말로만 내세우거나 다른 사람에게 강요하면 운은 도망간다.

왜냐하면 옳은 것에 대해 그럴 듯하게 이야기하면 그 이야기를 들은 상대는 자신의 행동이 잘못되었다고 지적받은 것처럼 느낀다. 그러면 이야기를 한 사람과 거리를 두고 싶어 하기 때문에 운은 도망간다.

정의는 소리 내어 이야기하지 않고 뒤에서 숨어 살짝 행동으로 실천해야 한다. <u>옳다고 생각하는 일을 스스로 조용히 실행하기만 하면 된다.</u> 누군가에게 강요하지 말고 혼자만 생각해두자. 인간관계에서 정의를 내세우면 바로 그 관계는 식는다. 부부나 가족이라도 마찬가지다.

A씨는 내 강연을 듣고 회사로 돌아가 바로 청소 운동을 시작했다. 하지만 얼마 후 아무도 A씨가 하는 말을 들어주지 않는다며 나에게 상담을 했다.

"요코야마씨가 가르쳐주신 대로 사무실을 깨끗하게 하려고 모두에게 이야기하여 함께 활동하자고 권하는 중인데 아무도 협력해주지 않아요. 게다가 위선자라고 불리는 것을 도저히 받아들일 수 없어요"라는 불만을 털어놓았다.

A씨의 행동에 어느 부분이 잘못되었을까? 누구나 청소하여 깨끗한 사무실에서 일하고 싶어 할 것이다. 하지만 다른 사람에게 강요받으면 상대는 흥미를 잃어버린다.

이를테면 친구에게 "나는 불쌍한 아이들을 위해 봉사활동을 하고 있어. 며칠 전에도 돈을 기부하고 왔어. 자신만 행복하면 된다는 삶의 방식은 좋지 않다고 생각해." 이런 말을 들었다면 어떨까?

기부한 것을 스스로 자랑스럽게 늘어놓는 말은 듣는 사람에게도 기부를 강요하는 것처럼 들린다. 이렇게 봉사활동이나 기부는 좋은 일이지만 그 이야기를 듣는 사람은 강요로 느껴져 흥미를 잃어버린다.

A씨는 그 후 아무에게도 말하지 않고 혼자 사무실 청소를 시작했다. 그러자 시간은 걸렸지만 조금씩 협력자가 나타나 도와주게 되었다고 기뻐하며 내게 보고했다.

지금까지 정론을 펼치는 것은 상책이 아니라고 이야기했다. 그렇다면 운을 놓치지 않고 옳은 일을 실행하기 위해 어떻게 하면 좋을까.

말로 시키지 않고 먼저 행동으로 보여주는 것이 가장 좋다. 사람은 설교, 주의, 지적 등을 싫어한다. 말하는 방식에 따라서는 자신이 부정당했다고 느껴 한층 더 마음을 닫기 때문이다.

쓰레기가 떨어져 있으면 주우라고 명령하지 않고 자신이 솔선하여 쓰레기통에 버리면 된다. 그 모습을 보고 따라하는 사람도 있을 것이다.

회사 분위기를 밝게 바꾸고 싶다면 우선 자신이 먼저 솔선하여 밝게 인사해보면 어떨까.

만약 회사에서 '이렇게 하면 좋은 회사가 될 텐데'라고 생각하는 이상적인 모습이 있다면 우선 자신이 그것을 솔선해서 해보자. 직접 행동으로 옮기면 주위는 반드시 변할 것이다.

말로 아무리 훌륭한 것을 전하려고 해도 행동이 동반되지 않으면 설득력이 없다. 말이 먼저 나오면 넘어야 할 벽이 높아진다. 말로 선언하면 약간 실행하는 정도로는 인정해주지 않는다. 말을 하고나면 그것을 하는 것이 당연하고 하지 않으면 비난 받는다.

말과 행동이 일치하는 것은 이상적이지만, 처음에는 말보다도 행동을 하자. '말'이 아니라 '행동'으로 표현하면 운은 자연스럽게 올라간다.

> **운습관 check** 운이 좋은 사람은 묵묵히 좋은 행동을 실행한다.

말과 행동이 같다
vs
자신에게만 관대하다

평소에 하는 말과 행동이 같은가?

입으로 말하기는 쉽지만 행동으로 옮기기는 상당히 힘들다. 운이 좋은 사람은 말한 것을 반드시 실행한다. 입으로 아무리 좋은 말을 해도 행동이 따라오지 않으면 사람들은 신뢰하지 않는다.

나의 멘토이기도 한 작가 혼다 켄은 말과 행동이 같은 사람이다. 《유태인 대부호의 가르침》을 비롯한 저서 총 판매량이 7백만 부가 넘는 베스트셀러 저자다. 출판 불황이라는 지금, 이정도로 책을 판매할 정도니 상당히 운이 강한 사람이라는 것은 틀림없다.

그는 평소에 "요코야마씨의 메일 매거진 늘 잘 보고 있습니다"라고 말했다. 그는 매일 상당한 양의 메일 매거진을 받을 것이 분명했다. 게다가 무척 일이 많은 사람이기 때문에 정말로 보고 있을까 싶었다. 의심을 해서가 아니라 물리적으로 어렵지 않을까 싶었다.

어느 날 메일 매거진에 근황 보고로 최근 입원했던 일을 썼다. 그러자 송신 30분 후에 문안 메시지가 도착했다. 그는 정말로 날마다 메일 매거진을 보고 있었던 것이다. 게다가 바로 문안 인사까지 보내주다니, 나는 놀람과 감동의 감정이 동시에 일었다. 무척 기뻤다.

모 상장회사의 부장이 늘 부하에게 하는 말이 있었다.
"나는 자네들이 항상 거래처와 고객의 시선으로 생각할 수 있는 사람이 되었으면 한다. 아무리 작은 주문이라도 성의를 가지고 대응하자. 결코 자신들의 이익만 생각해서는 안 된다!"

부장은 이런 비전을 내세우고 있지만 현실은 다음과 같았다.

> 부장 : ○○씨, 오늘 ABC상사에 가는데 같이 가줬으면 하네.
> 부하 : 네. 하지만 오후에 N상사와 Z상사와의 약속이 잡혀 있어서요.
> 부장 : N상사, Z상사는 그다지 매출이 높지 않으니까 취소하고 ABC상사에 함께 가지.
> 부하 : 하지만……. N상사의 사장님이 중요한 상담이 있으시다고.
> 부장 : 어차피 중요한 상담은 아닐 거야. 날짜를 다시 잡도록 해.
> 부하 : 네에. 알겠습니다…….

 과연 이런 부장의 말에 부하 직원들은 따라올까? 기업은 이익을 추구하는 조직이기 때문에 이익이 큰 회사를 우선하는 것은 어쩔 수 없다. 여기서 문제는 평소에 부장이 부하 직원에게 했던 말과 실제 행동이 달랐던 부분이다. '부하와의 대화를 일일이 기억하지 않는다', '거기까지 신경을 쓸 수 없다'와 같은 생각을 해서는 안 된다.

 말의 뒤에는 사고방식이 숨어 있다. 사고방식과 말이 같다면 상관없지만 다른 부분이 있다면 불신감을 일으킬 것이 분명하다. 앞의 사례에서는 ABC상사의 방문에 부하의 동행이 필요한 이유를 전하는 것이 좋다. 규모가 작은 거래처를 무시하는 말 'N상사, Z상사는 그다지 매출이 높지 않으니까'만 빼도 큰 문제는 없다.

미래의 비전을 이야기하는 것은 훌륭하지만 말과 행동이 다르다면 역효과가 일어날 수 있다. 사람들은 말과 행동이 다른 사람을 신용하지 않는다. 말과 행동이 다르면 사람들이 멀어져 운은 떨어진다.

모 회사의 사장이 회사의 경비 삭감을 지시했다. 출장을 갈 때 비행기도 항공권 가격 비교 사이트에서 제일 싼 티켓으로 변경하고, 먼 거리라도 당일치기로 일정을 짜서 숙박비를 인정하지 않았다. 회사 존망의 위기라면 이 정도는 어쩔 수 없다고 생각할 수 있다. 하지만 사장은 변함없이 특등급을 이용하여 이동하고 고급 호텔에서 숙박했다. 당연히 행운의 여신은 멀어져 회사는 위기 상황에 빠졌다.

다른 사람에게 요구하려면 자신도 똑같이 행동하지 않으면 운은 떨어진다.

운습관 check	운이 좋은 사람은 말과 행동이 똑같다.

표정이 쾌활하다
vs
표정이 침울하다

여러분은 자신의 얼굴에 자신이 있는가?

얼굴이라고 해도 용모를 말하는 것이 아니다. 운을 높이기 위해서는 얼굴의 표정이 중요하다. 에이브러햄 링컨Abraham Lincoln은 "40세가 넘으면 자신의 얼굴에 책임을 져야 한다"고 말했다. 당장 내일부터라도 주의를 기울이면 얼굴 표정은 바꿀 수 있다.

사람들은 '밝고 따뜻한 장소'를 원하며 살아간다. 이것은 경제적인 의미에서도, 정신적인 의미에서도 마찬가지다. 인간은 일반적으로 춥고 흐린 곳보다 따뜻하고 밝은 곳에 모이고 싶어 한다. 그럼에도 불구하고 이 세상에는 차가운 표정으로 다니는 사람이 상당히 많다.

아침 만원전철에서 주변 사람의 얼굴을 관찰해보면 알 수 있다. 아침부터 전철 안에서 애교를 떨 필요는 없지만, 얼굴을 관찰해보면 표정에 '한기'가 느껴지는 사람이 있다. 미간을 찌푸리고 입을 삐죽거리며 화난 것 같은 표정이거나 우거지상을 하고 있는 사람이 있다.

"좋아하는 사람이나 소중한 사람 앞에서는 밝은 표정이에요!"라고 말할지 모르지만 중요한 것은 평소의 얼굴 표정이다.

선척적인 인상보다도 후천적인 표정이 운에서 보면 중요하다. 얼굴 표정 중에 '웃는 얼굴'은 가장 호감도가 높다. 아무리 무서운 얼굴인 사람이라도 미소를 지을 때만은 각별하다. 미소는 의식해서 만들 수 있다. 평소에 별로 웃지 않는 사람은 거울을 향해 웃는 연습을 해보자. **부끄러워하지 말고 거울을 향해 소리를 내어 웃는 연습을 해보자.**

나도 매일 아침 5분 동안 미소 짓는 연습을 하고 있다. 이 습관은 상당히 효과가 있다. 면역력이 높아지고 점점 더 행운 체질이 되어가는 것이 느껴진다.

판매업을 하는 친구는 고객이 어느 순간에 자신을 바라 봐도 괜찮도록 혼자 있을 때도 웃는 모습으로 있다고 했다. 그러자 이야기를 거는 사람이 많아져 매상도 증가했다고 한다.

웃는 얼굴은 사람의 마음에 있는 장벽을 넘어 친근함을 느끼게 한다. 언제나 밝은 표정으로 지낼 수 있도록 책임감을 가지고 자신의 얼굴을 만들어야 한다. 왜냐하면 긴장을 풀고 있을 때 누군가가 당신을 보고 있을지도 모르기 때문이다. 얼굴 자체를 바꿀 수는 없지만 표정, 인상, 분위기 등 삶의 방식은 고스란히 얼굴에 나타난다. 지금부터 얼굴 표정에 신경을 써보자. 밝은 표정은 반드시 행운을 가지고 온다.

운에서 '목소리'는 얼굴 표정과 마찬가지로 중요하다. 목소리도 운을 올리는 중요한 요소다. 타고난 목소리의 특징은 어느 정도 정해져있지만, 얼굴과 마찬가지로 의식하면 목소리의 표정도 바꿀 수 있다.

'목소리'는 감정을 드러낸다. 항상 다른 사람의 잘못을 나무라는 기분으로 지내는 사람의 목소리는 날카로

워져서 상대에게 침울한 기분을 느끼게 한다. 그것이 결국 습관이 되어 운을 떨어트린다. 의도적으로 감정을 가능한 한 밝고 희망적인 기분으로 지내면 운을 높이는 맑은 목소리로 바뀐다. 그러면 사람들에게 희망과 기쁨을 줄 수 있다.

몇 번이나 이야기하지만 행운은 사람이 가져다준다. 사람과의 '인연'이 그대로 자신의 운이 된다. 좋은 인연을 끌어들이기 위해서도 얼굴 표정과 목소리 표정에 항상 주의를 기울이자.

얼굴과 목소리는 금방 바꿀 수 없다고 생각한다면 그것은 잘못된 생각이다. 주의를 기울이면 지금부터라도 당장 바꿀 수 있다.

오늘부터 실천하여 운이 높아지는 것을 느껴보자.

> **운습관 check** 운이 좋아지는 사람은 소리를 내서 웃는다.

운 좋아지는 사람 vs 나빠지는 사람의 습관

펴낸날 초판 1쇄 2019년 1월 25일

지은이 요코야마 노부하루
옮긴이 부윤아

펴낸이 강진수
편집팀 김은숙, 이가영
디자인 임수현

인쇄 (주)우진코니티

펴낸곳 (주)북스고 | **출판등록** 제2017-000136호 2017년 11월 23일
주소 서울시 중구 퇴계로 253(충무로 5가) 삼오빌딩 705호
전화 (02) 6403-0042 | **팩스** (02) 6499-1053

ⓒ 요코야마 노부하루, 2019

- 이 책은 저작권법에 따라 보호를 받는 저작물이므로 무단 전재와 무단 복제를 금지하며,
  이 책 내용의 전부 또는 일부를 이용하려면 반드시 저작권자와 (주)북스고의 서면 동의를 받아야 합니다.
- 책값은 뒤표지에 있습니다. 잘못된 책은 바꾸어 드립니다.

ISBN 979-11-89612-10-8 03190

이 도서의 국립중앙도서관 출판예정도서목록(CIP)은 서지정보유통지원시스템 홈페이지(http://seoji.nl.go.kr)와
국가자료공동목록시스템(http://www.nl.go.kr/kolisnet)에서 이용하실 수 있습니다.(CIP제어번호: CIP2019000811)

책 출간을 원하시는 분은 이메일 booksgo@naver.com로 간단한 개요와 취지, 연락처 등을 보내주세요.
Booksgo는 건강하고 행복한 삶을 위한 가치 있는 콘텐츠를 만듭니다.